AF229909

Comme cette Notice ne doit pas être mise dans la librairie, il y en a seulement un dépôt chez M. Charles Douniol, éditeur, rue de Tournon, 29, où des exemplaires seront donnés aux personnes qui en auroient le désir.

SOUVENIRS

TOUCHANT LA VIE ET LA MORT

DE MADAME ANGÉLIQUE VAUQUER

VEUVE DE M. CHARLES LE BASTIER

SOUVENIRS

TOUCHANT LA VIE ET LA MORT

DE MADAME ANGÉLIQUE VAUQUER

VEUVE DE M. CHARLES LE BASTIER

———

Peu d'heures après la naissance d'Angélique Vauquer, à Paris, le 22 décembre 1770, la garde malade ayant eu l'imprudence de dire à l'oreille de quelqu'un : « Cette enfant ne vivra pas! » — « Je la soi- « gnerai si bien, s'écria la mère, qu'elle vivra, et long- « temps! »

L'espérance ne fut point trompée.

Heureusement élevée dans la maison paternelle et au couvent des Ursulines de la rue Sainte-Avoie, la jeune fille devenue ensuite épouse, mère, aïeule, bisaïeule et trisaïeule, a fait le bonheur d'une nombreuse postérité, en donnant toujours l'exemple vivant de la femme forte dont la Sainte Écriture trace le modèle.

Sa foi, sa piété et l'énergie de son caractère se sont

manifestées surtout au moment où, sous le règne de la terreur, elle alloit disposer de son avenir.

Il y avoit péril de mort pour quiconque se marioit par le ministère d'un prêtre, comme pour le prêtre lui-même et pour les témoins de l'acte religieux.

Mais les futurs époux appartenant à des familles vraiment chrétiennes, ne vouloient pas de mariage sans bénédiction nuptiale.

Une bonne parente s'exposa au même péril avec eux, en prêtant son appartement pour la cérémonie à huis clos, loin de leurs domiciles respectifs, afin de se dérober plus facilement tous à l'effroyable tyrannie.

Le pieux abbé de Keravenant échappé au massacre de la chapelle des Carmes, qui fut depuis confesseur de Georges Cadoudal[1] et curé de Saint-Germain des Prés, arrivoit là, sous un déguisement nécessaire et convenu d'avance.

Dieu fit son œuvre.

Angélique Vauquer épousoit Charles Le Bastier, d'une famille noble de Provence, dont la branche à laquelle il

---

1. Il faut saisir toute occasion de rappeler le dernier trait de la vie du fameux Vendéen : En allant au supplice, Cadoudal, assisté de l'abbé de Keravenant et récitant la Salutation angélique, en étoit à ces mots : *Sancta Maria, Mater Dei, ora pro nobis peccatoribus*, NUNC... et il s'arrêtoit. « Vous n'achevez pas ! » lui dit son confesseur ; et Cadoudal répond : « Mais c'est *maintenant*, c'est l'heure de la mort ! » (*Souvenir du Ciel*, page 236.)

appartenoit, avoit importé en France l'industrie et la fabrication de la cire d'Espagne.

Longtemps avant son mariage, la jeune Angélique avoit eu le malheur de perdre sa mère qui lui laissoit la triste et douce tâche de consoler son père et de donner des soins à un frère, encore enfant et à une sœur au berceau. L'orage révolutionnaire avoit ajouté bien d'autres douleurs à leur deuil. Ce vénérable père fut menacé de la prison et de l'échafaud en 1793, comme suspect. A la suite des visites domiciliaires, il fut épargné, et sans doute on doit compter, parmi les causes de délivrance ou de salut, les pleurs des orphelins.

Un de leurs proches parents, le général Charton, n'eut pas le même bonheur. Après le départ de La Fayette, il avoit accepté le commandement provisoire de la garde nationale de Paris ; mais proscrit bientôt, il étoit parvenu d'abord à se soustraire aux poursuites des sbires et il se tenoit caché dans sa propre demeure, hôtel Lambert (maintenant Czartoriski), rue et île Saint-Louis.

Ce tragique épisode offre des détails dont l'histoire elle-même auroit eu le droit de s'emparer. Madame Le Bastier nous les a transmis, et ils doivent entrer dans ce mémorial.

Elle s'étoit réunie à madame Charton, sa cousine germaine, dont elle étoit aussi la filleule, et elles avoient toujours les yeux ouverts sur le danger auquel se trouvoit exposé le général qui fut ainsi, durant quelques semaines, dérobé par leurs soins à toutes les perquisitions. Elles travailloient ensemble à l'aiguille dans l'embrasure des fenêtres donnant sur la cour et d'où l'on pouvoit entrevoir aussi les mouvements de la rue. Au moindre indice des redoutables recherches, — on en avoit déjà fait plusieurs — le prisonnier, aussitôt averti, rentroit dans sa cachette. Celle de ces visites qui fut la dernière, étant charitablement annoncée par un habitant du voisinage connu de ces dames, lui devint fatale à lui-même. Non-seulement le proscrit, découvert cette fois, ne put échapper au tribunal révolutionnaire et fut envoyé presque immédiatement au supplice, pour crime de..... (la qualification restoit en blanc !) mais celui qui auroit voulu le sauver eut le même sort, sous prétexte de complicité.

Devenue mère, madame Le Bastier eut à subir encore toutes les tribulations et toutes les angoisses de cette horrible époque. La santé de son jeune mari n'y résista point. Il lui fut rapidement enlevé.

Les deux veuves[1] qui, partageant les mêmes principes,

---

1. La plus âgée, madame Charton, qui avoit deux enfants, a survécu à son fils, mort célibataire, et à madame la comtesse du Bois-Guy, sa fille, veuve du général vendéen de ce nom. Elle nous disoit à nous-même : « Le chagrin ne tue pas, car il y a longtemps que je serois morte ! » Ses petits-enfants furent sa consolation. Madame Charton avoit été élevée par madame Le Prince de Beaumont, et c'est elle qui, dans le *Magasin des Enfants*, où la célèbre institutrice avoit coutume de peindre les divers caractères de ses jeunes élèves, avoit le rôle de *Lady Spirituelle.*

avoient désormais la même vocation, se condamnèrent
encore bien jeunes l'une et l'autre à un perpétuel veuvage, dans les saints devoirs de la maternité.

Quand vinrent des jours moins sombres, madame Le
Bastier, indépendamment de la tutelle de sa fille Caroline, et de beaucoup d'autres soins, avec un état de fortune que la révolution avoit bien maltraité, s'étoit
chargée de la tenue des livres de commerce et de la
correspondance, dans la fabrique de cire d'Espagne où
l'orpheline avoit des intérêts; et c'est ce qui faisoit
dire avec une charmante naïveté à un jeune enfant:
« J'estime beaucoup ma cousine Le Bastier! elle n'a
« pas besoin d'un homme pour lui gagner sa vie. »

S'étant déjà occupée de l'éducation de sa petite sœur,
elle n'avoit dès lors rien négligé des études nécessaires,
ni des arts d'agrément qu'elle aimoit à cultiver; et dès
qu'elle s'étoit vue appelée à remplir un jour la même
tâche dans l'ordre encore plus manifeste de la Providence, elle avoit suivi avec M. Le Bastier des cours publics, même sous le régime révolutionnaire.

Comme préservatif, elle étoit heureusement douée
d'une vive pénétration, d'une large intelligence, surtout
d'un cœur merveilleusement chrétien, et elle avoit la
mémoire meublée de toute la fleur d'une saine éloquence
que son mari affectionnoit.

Après son veuvage, elle continua de fréquenter le
cours de littérature de La Harpe. Souvent elle nous a
rappelé ce conseil qu'il donnoit à ses auditeurs: « Si

vous voulez conserver votre bonne mémoire, ne passez pas un seul jour sans l'exercer, soit en récitant quelque chose de ce que vous savez, soit en apprenant par cœur ce que vous ne savez pas. »

En dehors des moments consacrés aux devoirs essentiels, la vie de madame Bastier étoit comme une perpétuelle étude. Nous avons sous les yeux et nous parcourons une masse de cahiers soigneusement écrits par elle depuis sa jeunesse jusqu'à l'âge de quatre-vingt-dix ans : ce sont des notes, des analyses, des extraits qu'elle rédigeoit après chacune de ses lectures.

Une grande partie de ces provisions intellectuelles se trouvoit ainsi préparée pour l'éducation de sa fille, dont elle se chargeoit seule ; elle avoit pieusement médité aussi les conseils de sa mère et de sa belle-mère ; et elle a gardé comme relique et comme *memento* exemplaire, une page et demie de la main de celle-ci. Nous en copions les premiers mots : « Mes enfants sont un jardin « dont Dieu m'a donné la culture. » On lit encore sur la même page, que *pour le bonheur qui doit durer éternellement, il faut faire bon usage du nom de* CHRÉTIEN, *que nous ne devons pas porter en vain. Puisque nous sommes frères en* JÉSUS-CHRIST, *nous devons pratiquer sa doctrine et glorifier son nom par nos bonnes œuvres.*

Ces saintes maximes étoient comme héréditaires.

On comprend que la fille unique de madame Le Bastier, avec un tel guide, avoit dû grandir dans les mêmes inspirations, et que l'avenir de ces deux âmes si étroitement unies l'une à l'autre et destinées à vivre toujours ensemble,   dû être prémuni contre tout ce qui auroit pu troubler leur paisible toit.

Ce sentiment seul les préoccupoit toutes deux dans le choix de celui qui devoit un jour leur appartenir par les liens les plus sacrés.

Ici, nous n'avons rien à dire ; tout au plus nous est-il permis d'indiquer les notables personnages qui voulurent donner leur bienveillante garantie et être les témoins officiels de l'acte religieux comme de l'acte civil, le 31 mars 1818[1], MM. Mourre, procureur général à la Cour de cassation, et Billecocq, ancien bâtonnier de l'Ordre des avocats à la Cour royale de Paris, chez lesquels le jeune adepte du barreau avoit travaillé durant les premières années de ses débuts[2]. Mais, ce que nous ne saurions taire, c'est le courage et le désintéressement tout à fait chrétiens qui agréoient sa demande, sans autre espérance humaine que son labeur de chaque jour.

Et pour connoître encore mieux la veuve et la mère, il faut ajouter que, malgré les privations et les épreuves des temps orageux, elle avoit pour elle comme pour sa fille, et dans un ordre aussi juste que naturel, des horizons considérables dont néanmoins il ne fut guère question ; loin de là, l'actualité du bien-être étoit à

1. Mardi de la 2ᵐᵉ semaine après Pasques, en 1818.
2. M. Billecocq disoit à l'aîné de son jeune collaborateur : « Le mariage de votre frère est pour moi comme un événement de famille. »

peine portée à la moitié de sa vraie mesure, par une délicatesse qui n'en permettroit pas non plus l'explication catégorique : en telle sorte que ce qui n'étoit point annoncé et encore moins promis, pas même comme prévision, s'est étendu bien au delà de tout ce qui pouvoit être présumable.

Comment donc passer sous silence de tels faits, quand il s'agit de rendre hommage à une mère qui ne vouloit rien entendre aux calculs ordinaires du monde?

Plus de quinze ans avant le mariage de sa fille, madame Le Bastier avoit quitté la charge qu'elle s'étoit imposée dans la maison où elle avoit mis en ordre parfait les livres de commerce et la comptabilité; et dès lors, se trouvant libre de toute entrave, elle passoit l'hiver à Paris et la belle saison à la campagne, où de bons parents et de bons amis l'invitoient tour à tour et à qui mieux mieux. Elle y portoit, avec sa chère et inséparable jeune compagne, tout ce qui fait le charme de l'hospitalité : conversation attachante, talents variés, musique, dessin, peinture, voix vibrante, aussi heureuse pour la lecture et la déclamation, que magnifique pour le chant; et au-dessus de tant d'agréables dons, un caractère aussi affable que modeste, qui faisoit de tous les jours de sa présence des jours de fête pour les familles où elle étoit à l'envi réclamée et retenue autant que possible. La Touraine, la Brie et de belles résidences aux environs de Paris et de Versailles en ont su quelque chose.

Madame Le Bastier fit donc le charme de la vie commune dans le nouveau ménage ; et avec son habitude d'obligeance et de dévoûment, elle voulut même, et assez fréquemment dans les premières années, se faire en certaines occurrences le secrétaire bénévole de son gendre dont elle aimoit à copier de sa belle écriture les mémoires et les consultations.

Plus tard, quand la famille s'accrut, de même que la mère avoit fait seule l'éducation de sa fille, elle se fit encore l'institutrice éclairée et patiente de ses petites-filles, dont trois ont embrassé la vie du cloître ; elle ne resta point étrangère non plus à l'émulation studieuse de ses petits-fils, arrière-petits-fils, et même parfois de ses bis-arrière-petits-fils.

Déjà, lorsqu'il s'étoit agi de son jeune frère, elle avoit appris les éléments de la langue latine, pour aider à ses premières études dans une institution distinguée de la capitale. Elle donna pareillement à celles de ses petites-filles qui eurent ensuite à réciter les *Heures canoniales*, le goût de cette langue de l'Église.

L'infatigable institutrice, mère de plusieurs générations, étoit pour ses élèves comme un livre parlant ; elle savoit mettre toutes choses à leur portée ; elle se faisoit enfant avec les enfants ; et, pour exercer leur mémoire, souvent elle savoit par cœur ce qu'elle proposoit à leur émulation ; ou, s'il elle ne le savoit pas, elle s'imposoit la même leçon en stimulant ainsi leur zèle : « Voyons « qui de nous l'aura apprise le plus vite et le mieux ! »

— Et chaque enfant étoit heureux et fier de rivaliser avec bonne maman.

Et bonne maman avoit ainsi elle-même la meilleure joie de ses soins maternels, elle en trouvoit encore la récompense jusque dans les colloques des plus jeunes élèves, sans avoir besoin d'y intervenir. En voici un trait que les amis de l'enfance ne dédaigneront pas.

L'une des petites-filles causoit avec l'aînée des arrière-petites-filles, au milieu des poupées et des joujoux, tandis que la grand'grand'mère travailloit à l'aiguille, sans avoir l'air de rien écouter :

« Ma chère Mathilde, disoit la jeune tante à sa nièce de quatre ans, je voudrois bien savoir ce que tu demanderas au bon Dieu quand tu seras au ciel?

— Je ne lui demanderai rien.

— Comment, rien ?

— Eh non ! rien absolument, puisqu'il me donnera tout. »

N'allons pas croire pourtant que les conversations enfantines eussent trop souvent cette teinte sérieuse. Il est bon d'en donner presque d'un seul mot la contre-partie, dans ce nouveau trait :

La petite Louise étant un peu en retard pour l'heure du travail, sa grand'mère l'appelle et reçoit aussitôt cette réponse : « Pas encore, chère bonne maman.

— Et pourquoi, Mademoiselle?

— C'est que je suis très-occupée.

— A quoi donc, mon enfant?

— Mais à jouer! je m'amuse beaucoup. »

Voilà bien, dans ces deux exemples, quelque naïfs qu'ils soient, voilà bien le type de l'éducation en famille; tout y est *grave* et *doux;* et, pour compléter l'analogie, *plaisant* et *sévère;* car il falloit admettre ainsi la liberté des allures joyeuses de l'école maternelle, qui devenoit mixte lorsque le petit-fils, ou plus tard les arrière-petits-fils en faisoient partie.

Que n'aurions-nous point à dire des charmantes industries ou inventions dont usoit l'aïeule, pour intéresser, adoucir, et faciliter le travail des jeunes intelligences! Nous ne parlons pas seulement des procédés matériels qui sont à l'usage de tous, comme les alphabets ou les textes en lettres mobiles, les cartes en régions, provinces, ou départements détachés, que l'on entremêle et qu'il faut ensuite rétablir dans leur ordre, etc., etc. Mais nous voulons parler surtout de l'attrait qu'elle savoit donner à chaque étude avec les choses du cœur, jusque dans les opérations du calcul où elle joignoit à l'investigation des résultats quelques solutions de la plus vive curiosité, ou du plus tendre intérêt.

Donnons ici la parole aux enfants eux-mêmes; ils ont recueilli leurs souvenirs pour nous aider dans nos filiales réminiscences.

« Notre chère bonne maman (dit d'abord l'aînée des petites-filles) avoit un vrai talent, une adresse toute maternelle, pour nous faire aimer le travail. Je me rappelle encore le plaisir que j'éprouvois la première fois qu'elle me fit lire un mot entier (c'étoit dans sa chambre à coucher de la rue des Saints-Pères ; je n'avois que trois ans et demi) ; elle avoit tracé le nom de maman, de ma petite sœur et plusieurs autres noms aimés, en gros caractères, sur des cartes : j'étois ravie de les lire !

« Elle se levoit plus tard qu'à l'ordinaire, après sa grande maladie en 1826, — dont nous parlerons bientôt ; — mais, dès le matin, avant son lever, nous pouvions entrer dans sa chambre pour commencer nos devoirs ; et par ce moyen nous n'y perdions rien.

« Elle récompensoit l'attention et la bonne volonté, et par des bonbons, et en faisant avec nous quelques parties au jeu de dames ou de jonchets.

« A mesure que nous grandissions, elle nous initioit à de nouvelles études, elle nous donnoit des leçons de musique, de dessin et même de langue latine.

« En voyage, elle ne manquoit aucune occasion de faire remarquer ce qui rappeloit quelque trait d'histoire ou donnoit matière à d'intéressantes réflexions ; et, quand on passoit la nuit en voiture (il n'y avoit point alors de chemins de fer), elle faisoit observer les principales constellations dont elle savoit expliquer la figure et dire tous les noms.

« Bien que la littérature, l'histoire et aussi certaines notions de quelques sciences occupassent ses loisirs, elle n'en étoit pas moins la femme forte qui, suivant l'Écriture Sainte, manie l'aiguille et le fuseau. Elle fai-

soit parfois de la tapisserie, et très-souvent de la brode-
rie, jusque dans ses dernières années, pour ses enfants
de tous étages.

« Jadis, pour elle-même, elle avoit entrepris en ce
point des espèces de chefs-d'œuvre de longue haleine,
par exemple, des robes très-ouvragées en *plumetis*, et
elle racontoit en riant que l'une de ces robes, à colon-
nes brodées de haut en bas, avoit été faite avec une séule
et même aiguille, ce qui donne bien l'idée de son ordre
parfait en toutes choses.

« Elle aimoit surtout à travailler pour les pauvres, et
elle a redoublé cette pieuse occupation dans les derniers jours de sa longue vie. »

Ecoutons encore d'autres détails et d'abord celui-ci,
quelque vulgaire qu'il soit : « A l'âge de quatre-vingt-
quinze ans et plus, elle persistoit à recevoir le linge
revenant du blanchissage, même à soulager la besogne
des raccommodeuses; et tout cela malgré la goutte dont
elle souffroit depuis longtemps, et nonobstant aussi les
intentions qui auroient voulu lui épargner la moindre
fatigue.

« A ce même âge, elle dessinoit encore, surtout à la
campagne ; elle avoit toujours cultivé cet art, ainsi que
la peinture à la gouache, avec goût et avec une certaine
perfection ; elle a laissé des paysages qui seroient dignes
d'être appréciés même ailleurs qu'en famille.

« Elle ne perdoit jamais une minute : ou elle étudioit,
ou elle enseignoit, ou elle causoit, etc.

« Sa piété n'oublioit rien des saintes pratiques ; associée à la confrérie du Sacré-Cœur de Jésus, elle étoit fidèle aux *élévations*, à neuf heures et à quatre heures, et en récitoit exactement la prière. Chargée d'une série de trente-trois personnes de l'association, elle tiroit les numéros de chacune d'elles et les leur envoyoit ; elle a pris ce soin, même par correspondance, jusqu'aux derniers mois de sa vie.

« Sa conversation étoit aimable et instructive ; elle s'oublioit elle-même et s'informoit de tout ce qui intéressoit l'existence et le sort des familles, surtout des indigents, et sa main s'ouvroit toujours pour les secourir. Dès le temps de sa modique fortune bien administrée, elle savoit faire face à tout avec autant d'ordre et de discernement que de charité. »

Il seroit trop long de transcrire une foule d'autres détails donnés de mémoire par ses petites-filles ; mais il ne faut pas omettre le fait suivant : « Dans un voyage d'Orléans à Tours, le bateau à vapeur faisoit eau, dit l'une d'elles, et non sans péril ; nous descendîmes dans une barque, près de Beaugency ; bonne maman fit passer avant elle sa fille, deux de ses petites-filles et sa femme de chambre et elle eut à peine le temps de nous rejoindre. »

Terminons cette partie des notes par une révélation qui nous arrive pour la première fois. L'aînée des trois religieuses reprend ainsi la parole : « Notre chère grand'maman partageoit avec sa fille la fatigue de nous conduire au cours de musique et au catéchisme ordinaire, comme ensuite au catéchisme de persévérance. C'est elle aussi qui eut la bonté de rester à Paris avec moi, quand il s'est agi de décider ma vocation ; et elle a eu le courage de me présenter au couvent, bien qu'elle eût répondu tout d'abord à la première confidence : *Ne parlons jamais de cela !* »

Aujourd'hui, quelques réflexions paternelles doivent accompagner les faits ainsi révélés.

La douleur résignée avec laquelle madame Le Bastier supporta la séparation de l'aînée de ses petites-filles, première élève de sa grand'maternité, fut bien adoucie par le bonheur dont elle la voyoit jouir dans le silence du cloître à l'Abbaye-aux-Bois ; elle y puisa, comme le père et la mère, encore plus de courage pour faire le nouveau sacrifice, d'abord de leur quatrième fille, puis de la cinquième qui, à dix années de distance, entrèrent l'une dans la Congrégation de Notre-Dame, où elle retrouvoit son aînée, et l'autre dans l'Ordre de Notre-Dame-de-Sion fondé par le R. P. Théodore Ratisbonne.

Cette exclamation de la tendre aïeule : *Ne parlons jamais de cela !* c'est le premier cri de la nature ; le cœur maternel est déchiré ; mais la grâce donne son baume, et les immolations se succèdent avec les plus consolantes suites, surtout quand on entend les âmes qui ont choisi *la meilleure part* se dire heureuses, et mille fois heureuses, dans *leur cher couvent.*

Cependant, comme on le sait déjà, parmi la postérité

de la grand'mère et de sa fille, trois mariages, l'un précédant, le second alternant, et le troisième (celui du fils et petit-fils) suivant les vocations religieuses, avoient accru la famille, en telle sorte que, comme on l'a vu aussi, madame Le Bastier étoit devenue bisaïeule et par la suite plusieurs fois trisaïeule. Alors et à l'âge où elle n'avoit plus la force nécessaire pour faire elle-même l'éducation de ses arrière - petites - filles, comme elle avoit fait successivement celle de leurs mères, elle s'en consoloit en les voyant entre les mains de ses propres élèves à l'Abbaye-aux-Bois. Mais elle s'inquiétoit un peu des arrière et bis-arrières-petit-fils. Elle disoit de temps en temps : « Que deviendront-ils ? nous en avons dix ! » Puis, et comme toujours, elle s'en reposoit, quant à l'avenir de tous ces chers enfants, sur la sainte Providence, pour les bons exemples en famille, pour l'enseignement dans des institutions pieuses et bien choisies, et enfin pour les heureuses inspirations dont elle étoit si bien elle-même la première source !

Jamais peut-être aucune mère ne fut plus assidûment occupée de ces tendres soins qui forment le cœur, et cela dans les quatre générations qu'elle aimoit à bénir.

Sauf les premières années du mariage de sa fille où elle donna quelques heures de ses soirées aux relations de parenté ou d'amitié, madame Le Bastier étoit presque toujours sédentaire, et elle le devint davantage encore quand tout son petit monde grandit autour d'elle. N'ayant jamais quitté sa bien-aimée Caroline, elle avoit fait de son gendre un fils adoptif, et elle étoit comme l'âme et l'autorité patriarcale de la maison ; elle y présidoit à la prière du soir qui se faisoit en commun avec les père et mère, les enfants et les domestiques ; et, jusqu'à l'âge de quatre-vingt-quinze ans, elle ne manquoit pas, avant ou après cette prière, de leur lire chaque jour la Vie des Saints. Mais, depuis, sa fille ne lui permit plus pareille fatigue et la remplaça pour cette lecture. Elle dut y consentir comme à toutes autres précautions exigées par son grand âge, avec l'aimable résignation qu'elle exprimoit ainsi : « Main- « tenant que ma fille est devenue ma mère, il faut « bien lui obéir ! »

A sa campagne de Marlotte, elle avoit donné asile à une pauvre femme un peu moins âgée qu'elle et qui ne savoit pas lire ; elle avoit pris l'habitude depuis plus de trente ans de lui faire dans le milieu de la journée une lecture de piété de dix à douze minutes, et elle n'y manquoit jamais.

Elle visitoit volontiers les malades dans le village, leur parloit du bon Dieu, les exhortoit à des pensées de foi et d'espérance, et quand ils étoient en péril, elle les amenoit par ses conseils aux pieuses consolations et à recevoir les secours et les sacrements de l'Église. Souvent elle eut la surnaturelle force de faire aux mourants les prières de l'agonie et la recommandation de l'âme. Que de bénédictions elle a reçues dans les familles de ces malades et de ces mourants! Dès longtemps elle étoit habituée à de tels services et les maladies les plus redoutables n'effrayoient pas son charitable dévoûment. Sa sœur, mademoiselle Chrysolite Vauquer, qu'elle avoit élevée et qui avoit consacré toute sa vie aux bonnes œuvres, avoit rapporté d'une pareille visite le germe du mal qui l'enleva prématurément aux affections de sa famille et à celles des pauvres, le 8 juin 1840. Madame Le Bastier avoit été appelée par elle à l'exécution de ses dernières volontés, avec un préambule et une conclusion qui doivent trouver ici leur place :

« Tu recevras cette lettre après ma mort, ma sœur
« et bonne amie ; elle te sera un gage de l'amitié que
« j'ai toujours eue pour toi, et de ma reconnoissance
« des soins que tu as prodigués à mon enfance et que
« je n'ai jamais oubliés ; elle te sera surtout une preuve
« de mon entière confiance. »

Et à la fin de la même lettre, du 10 mai 1840, où elle parle de tout ce qui lui est cher, surtout de sa famille, elle leur fait cet adieu : « Je vous demande à tous vos « prières, et si Dieu daigne me faire miséricorde, je le « supplierai de nous réunir tous près de lui ! »

On voit bien là le fruit de la piété chrétienne ; une fin presque inopinée n'étoit pas imprévue. Et en voici d'autres marques dans la lettre que madame Le Bastier écrivoit, quelques jours après, à son frère pour lui donner les détails les plus édifiants qui vont montrer de nouveau quelles saintes inspirations la jeune sœur avoit puisées dès le commencement dans les conseils et les exemples de celle qui leur avoit servi de mère :

« ..... Cette chère malade, patiente et douce comme un agneau, n'a pas fait une plainte. Elle ne paroissoit pas inquiète. Mais lorsqu'on lui a parlé de l'administrer et de lui donner l'extrême-onction, elle a compris qu'elle touchoit à ses derniers moments et s'est écriée : *Quel bonheur !...*

« Je lui ai demandé sa bénédiction pour toute notre famille. Tandis que Marie, Caroline sa sœur, et moi nous fondions en larmes autour de son lit, elle nous a dit : *Vous pleurez, mes amies, et moi je suis bien contente!* Ce furent ses dernières paroles qui resteront à jamais gravées dans nos cœurs; ah! quelle fin angélique et digne d'envie! Puissions-nous tous en imitant ses vertus mériter de lui être réunis pour ne plus la quitter! On pourroit croire que cette chère sœur avoit un pressentiment de sa fin prochaine; car dans ses dernières lettres à mes enfants elle leur disoit que nul n'étoit assuré de se revoir après une séparation. Elle m'a écrit ses dernières volontés le 10 mai. J'ai trouvé cette lettre cachetée dans son secrétaire, et une autre à ton adresse, mon cher ami. Mais que leur suscription est pénible à lire ! (Pour être remise après ma mort)...

« J'ai encore un pénible sacrifice à ajouter, mon cher ami, à celui que nous partageons : c'est que notre chère Marie, après s'être éprouvée depuis longtemps, va se décider à entrer au couvent... Il paroît que c'est la vocation de cette chère enfant que nous devons aimer pour elle, et nous nous résignons !... »

Avec l'édification qui nous vient des deux sœurs, il ne seroit guère pardonnable de passer sous silence quelques mots adressés par mademoiselle Chrysolite Vauquer, peu de temps avant sa mort, à son frère, et qui font remonter plus haut ces pieuses traditions. Il s'agissoit d'un orphelinat dont elle étoit un peu la mère nourrice, et elle lui disoit, à propos d'un festival des enfants : « Tu n'aurois pas été de trop ; car tu aimes les bonnes œuvres, elles nous mettent sur le chemin du ciel, aidant à réparer ce qui nous en fermeroit la porte, et elles y seront la couronne des saints. C'est, je n'en doute pas, ajoutoit-elle, les bonnes œuvres de notre excellent Père qui lui ont obtenu les grâces de Dieu dans sa dernière maladie et lui ont fait envisager la mort avec calme après avoir souffert avec résignation. Je ne me trompe pas dans mes souvenirs; ils sont présents, pour ainsi dire, à mes yeux, à mes oreilles, comme à mon cœur. »

Oh! comme ces admirables révélations des âmes *douces envers la mort* sont précieuses au souvenir des parents et des amis qui implorent et espèrent les mêmes grâces, qui aiment aussi à vivre dans cette heureuse préparation et à tenir l'œil ouvert aux approches de l'heure suprême ! Madame Le Bastier en a donné l'exemple avec l'une de ses parentes, ancienne compagne de presque toute sa vie. Elles s'étoient promis de s'avertir mutuellement au moindre indice du danger de mort. Celle qui fut atteinte la première, dès 1850, étoit la belle-mère de l'un des aides de camp du président de la république. Sa vieille amie n'hésita point à remplir cette promesse ; la chère malade l'en remercia avec toute l'effusion de la plus vive reconnoissance ; et celui qui écrit ces lignes fut témoin de la cérémonie religieuse où la pieuse prévoyance étoit ainsi couronnée.

Au commencement de l'année 1826, madame Le Bastier avoit reçu elle-même les derniers sacrements, quelques jours avant l'ouverture à Paris du Jubilé de 1825 ; elle étoit en proie à une fièvre mortelle. Sa sœur, sa fille et son gendre, dès les premiers symptômes, avoient pris soin de l'entourer de toutes les consolations de la foi. Le danger étoit imminent au moment même où commençoit à Notre-Dame la grande solennité des miséricordes. Combien de larmes coulèrent alors sur le pavé du saint temple pour obtenir la guérison de cette chère mourante ! Elles furent exaucées, et, en revenant de la cathédrale, ceux qui avoient tant pleuré apprirent aussitôt la bonne nouvelle de l'espérance. La mère bien-aimée, si nécessaire encore à sa jeune famille, étoit sauvée, et elle avoit à revivre plus de quarante années au delà de cet heureux jour, pour faire le bien et être bénie de tous !

Avec ses enfants, ses parents et les personnes qui avoient assisté à l'extrême-onction, se trouvoient quelques collaborateurs de son gendre, et entre autres un jeune avocat protestant qui en fut extrêmement ému et qui a conservé pour elle la plus grande vénération et lui en a donné jusqu'à la fin des preuves constantes. Aussi, l'aimoit-elle bien et prioit pour lui ; elle nous l'a dit souvent, et, comme tous les cœurs droits, elle ajoutait: Mieux vaut un protestant de bonne foi, dont Dieu est le seul juge quand cette bonne foi est possible, qu'un catholique qui n'en a que le nom [1].

Souvent madame Le Bastier recevoit chez elle les jeunes avocats qui travailloient avec son gendre. Parmi eux étoit resté environ deux ans celui qui venoit de renoncer au barreau pour entrer dans la sainte milice, et qui devoit un jour devenir le restaurateur de l'Ordre de

---

[1]. Il est bon de donner ici l'extrait du 1er volume, page 371, du *Récit d'une Sœur*, où Alexandrine d'Alopeus, madame Albert de La Ferronays, au moment de rentrer dans la seule vraie Église, écrit à la princesse sa mère, le 14 mars 1836, ces lignes remarquables :

« J'éprouve un besoin irrésistible d'appartenir à la même foi que mon pauvre Albert (mourant!), et je te donne ma parole d'honneur que je ne l'ai ressenti à ce point que depuis ces terribles derniers jours. Mais je veux te dire aussi que, jusqu'à ce moment, c'est par amour et par respect pour toi que je n'ai pas voulu me faire instruire dans la religion catholique, de peur de découvrir qu'elle étoit la vraie, et alors d'être forcée de l'embrasser; car lorsqu'on découvre quelque chose de plus vrai que ce qu'on a connu jusqu'alors, il est clair que cela devient un devoir de l'adopter. Si un homme devoit demeurer dans une religion par la seule raison qu'il y est né, un juif ou un païen ne deviendroit jamais chrétien.....

« ..... A aucun prix, fût-ce pour adoucir la mort à mon mari,

Saint-Dominique en France. Elle en avoit conservé un heureux souvenir; et de son côté le R. P. Lacordaire avoit aussi une douce réminiscence de tout ce qu'il avoit vu et entendu de la patriarcale institutrice. C'est elle qui, pour la prise de voile de sa petite-fille (celle de la question à la nièce de quatre ans[1]), alla le prier de faire le discours d'usage dans la chapelle de l'Abbaye-aux-Bois; et cette mission qu'il voulut bien accepter en termes énergiques, il la remplit avec toute sa sainte et vive éloquence.

Quelques mois après, le P. Lacordaire émerveilla encore tout son auditoire dans l'exhortation qui précédoit

je ne voudrois agir déloyalement vis-à-vis de Dieu, et ce seroit agir déloyalement que d'embrasser une religion sans conviction et par amour pour qui que ce fût au monde. Sois entièrement tranquille là-dessus et crois bien que je n'agirai point sans conviction, mais permets-moi d'examiner, de m'instruire, puis de choisir.

« Tu me connois assez, ma mère, pour penser que je n'aurois pas pu me faire catholique, si j'avois dû croire que mes parents, frères ou amis protestants seront damnés. Mais, je m'en suis assurée, je l'ai lu avec attention, ce n'est point là leur foi. Ils ne croient point damnés ceux qui sont de bonne foi dans leur croyance, mais ils croient la leur la meilleure de toutes *, et c'est, je te l'avoue, ce que je me suis sentie, depuis mon enfance, disposée à croire. C'est la plus ancienne; il me semble donc qu'elle a pu recueillir le mieux les premières croyances : et n'est-ce pas d'eux que nous avons reçu l'Évangile? »

* L'auteur du *Récit d'une Sœur* fait cette juste observation : « Ce n'étoit pas assez dire, mais enfin elle n'étoit pas catholique encore. »

1. Page 10.

la dernière cérémonie et la consommation du même
sacrifice ; nous copions l'opuscule qui en a rendu compte
longtemps après[1] : « Je ne crois pas, dit l'auteur, que
« mon cœur de père se fasse illusion quand j'ose dire n'a-
« voir jamais rien entendu de plus angélique et de plus
« émouvant. Bien des auditeurs ont regretté que cette
« allocution, tout entière improvisée, n'ait pas été re-
« cueillie. J'en ai retenu un trait final dont voici à peu
« près les termes : *Qui auroit pensé, il y a vingt ans,*
« *Madame, lorsque je vous voyois au berceau, dans la*
« *maison paternelle, qu'un jour viendroit où moi (prêtre !),*
« *je serois chargé de vous exhorter à l'heure de votre*
« *immolation au service de Dieu*[2] ? Et aussitôt le saint
« orateur, célébrant dans sa propre vocation, qui tient
« du miracle, les joies du sacrifice et des éternelles ré-
« compenses, terminoit par cet adieu : *Au revoir.....*
« *dans le ciel !* »

Avec ces souvenirs de famille, où se multiplioient
successivement les saintes vocations, il convient de
dire de quelle pieuse et pleine liberté toute la nombreuse descendance de la bisaïeule jouissoit sous ses aus-
pices et sous ses yeux. On sait déjà son étonnement à
la première confidence de l'aînée de ses petites-filles.
Le père et la mère s'en doutoient d'autant moins aussi

---

1. *Le Père Lacordaire dans l'audace et l'humilité de son génie.*
2. Ici le R. P. faisoit évidemment allusion à une époque où il
étoit encore incrédule.

qu'ils manifestoient d'autres vues dont les préliminaires étoient déjà ouverts. Ajoutons qu'ils n'avoient jamais craint pour leurs enfants la fréquentation d'un monde choisi, et que, sur des conseils vénérables, ils admettoient à la maison même tous les amusements d'une jeunesse joyeuse et dansante. Mais, malgré tout le soin possible dans le choix des invitations, il advint, comme trop souvent, que la mise de certaines femmes déconcertoit la modestie chrétienne, à tel point que les jeunes sœurs supplièrent elles-mêmes leurs mères de mettre fin à de pareilles réunions. Ce témoignage arrive ici après un long espace de temps et par conséquent sans crainte d'aucune indication ; car, hélas ! les personnes qui inspiroient alors tous ces regrets sont déjà couchées dans la tombe ; et elles ont dû témoigner elles-mêmes leur repentir.

Ce n'étoit donc pas l'austérité de l'aïeule, mais c'étoit la franche inspiration de ses petites-filles qui faisoit l'application des principes puisés aux bonnes sources ; et sans doute la maternelle institutrice étoit heureuse d'être si bien et si librement obéie et même prévenue.

Avant l'entrée au cloître de l'aînée, la seconde, nous l'avons déjà dit, étoit mariée, et le mariage de la troisième avoit suivi ; il faut le redire encore pour l'intelligence d'un hommage filial rendu à la sainte aïeule, en ajoutant dans le même but que l'un de leurs frères, Paul, étoit mort au berceau. Deuil et joie, voilà les mélanges de la vie sur cette terre ! C'est avec cette expérience, que le fils adoptif de madame Le Bastier, après la révolution de 1830, consacroit ses loisirs à la poésie religieuse, et après avoir publié les *Chants sacrés* et les *Psaumes en vers*, essayoit aussi de célébrer la VEUVE BÉNIE qui tenoit sous son aile toute une nombreuse famille : les stances publiées sous ce titre dans le *Souvenir du Ciel*, appartiennent donc au mémorial destiné à leurs parents et à leurs amis.

« Pour ses concerts souvent ma lyre
Des cantiques sacrés emprunta les accens,
Et jamais à ma voix le souffle qui l'inspire
Ne permet un frivole encens.

« A ce vœu je reste fidèle !
Oh ! oui, je chante encor quelque chose des cieux,
Quand j'honore une mère en élevant pour elle
Un monument harmonieux.

« Les derniers rayons du jeune âge
De son printemps à peine avoient mûri la fleur,
Et déjà sur son front le crêpe du veuvage
Avoit étendu la douleur.

« D'un époux gardant la mémoire,
A son enfant unique elle a voué ses jours,
Et, devant le Seigneur, elle en a fait sa gloire,
Son ciel, sa vie et ses amours.

« Le cœur d'une mère si bonne
Dans le cœur de sa fille est comme répandu ;
Et bientôt à l'autel sa tendresse lui donne
Ce qu'elle-même elle a perdu.

« Et l'orpheline n'est plus seule !
Et sept fois les bonheurs de sa maternité
Ont promis à la veuve, aïeule et plus qu'aïeule,
    Une longue postérité.

« Et d'autres enfants de la grâce
Dans la tribu naissante ont formé de saints nœuds,
Et le sein maternel les reçoit, les embrasse
    Et se dilate encore pour eux.

« Et déjà des ruches nouvelles
Près de la ruche mère ont fixé leurs essaims...
Puissent leurs rejetons toujours avoir des ailes
    Pour cueillir le parfum des saints !

« Et Dieu s'est réservé deux anges
Parmi ces cœurs nourris et de lait et de miel ;
Marie a consacré le sien à ses louanges,
    Et Paul, enfant, les chante au ciel.

« Et la tige patriarcale
Étend comme un palmier ses verdoyants rameaux,
Et le soleil mûrit tous les fruits qu'elle étale
    Sous son feuillage au bord des eaux.

« Ainsi se forme la couronne
Où d'éternels trésors viennent se déployer,
Et l'or de ses fleurons autour d'elle rayonne
    Comme la flamme à son foyer.

« Au pied du même autel rangée,
Rends gloire, humble famille, aux oracles divins :
Ils te montrent le Dieu de la veuve affligée,
    Le Dieu, père des orphelins.

« Bien des pleurs couvriront encore
De leur deuil trop certain l'incertain avenir!
Mais, auprès des tombeaux, la foi chante l'aurore
Du jour qui ne doit point finir. »

Telle étoit la modestie, ou mieux encore l'humilité de la sainte aïeule, que ces stances étant arrivées sous ses yeux comme une surprise, en 1841, elle s'abstint constamment d'en rien dire et d'en rien témoigner à l'auteur. Elle auroit craint sans doute de le contrister en se plaignant d'une pareille manifestation; et elle craignoit davantage peut-être de l'accepter par quelques paroles ou par quelque signe. Le silence lui sembloit le seul moyen de sortir de cette alternative. Nous nous sommes tenus dès lors dans la même discrétion. Mais comme rien ne doit jamais arrêter un élan de reconnoissance, la récidive nous étoit permise plus tard, en 1866, lorsque nous avons eu à répondre dans le livre intitulé *Les Cieux*, à M. Amédée Guillemin, inventeur d'un *Ciel* sans Dieu.

L'astronome sceptique ose dédier son œuvre *à sa femme et à ses enfants!* C'est dire qu'il n'admet pas plus pour eux que pour le ciel un Souverain Créateur et Maître.

En réponse à cette impiété d'un homonyme, nous avons cru devoir commencer ainsi la préface des *Cieux :*

« Après les dédicaces sacrées, qui sont comme un cri de gloire à Dieu seul, et dans ses œuvres, et dans ses saints; et après avoir ainsi porté l'œil de la foi jusqu'au ciel des cieux, nous ne devons pas craindre, en revenant sur la terre, d'y rendre un hommage qui remonte encore à l'éternelle source de tout bien.

« C'est le Créateur suprême qui fonde les familles de ses fidèles, et qui, par la voix de son Église, leur donne l'espérance de voir jusqu'à la troisième et quatrième génération.

« Ce vœu est accompli dans toute son étendue pour une vénérable Mère que nous avons déjà célébrée sous le titre de la *Veuve bénie*, dans le *Souvenir du Ciel*. Elle est largement entrée dans son vingtième lustre, et elle voit quatre générations à sa suite. Son cœur et son âme sont aussi ardents que jamais dans le service du Seigneur et dans ses tendresses maternelles pour les quatre degrés de sa nombreuse descendance. Sa vie est une heureuse et continuelle aspiration de foi, de prière et d'amour; et elle attire sur nous bien des bénédictions! Comment seroit-elle donc oubliée dans le livre des *Cieux*, elle qui porte si bien le nom des *Anges?* Aussi pouvons-nous, comme dans le *Souvenir du Ciel*, lui redire :

> « A mon vœu je reste fidèle ;
> Oh ! oui, je chante encore quelque chose des cieux,
> Quand j'honore une mère en élevant pour elle
> Un monument harmonieux.

« L'angélique trisaïeule aime les pieux rendez-vous de tous ses enfants avec elle aux pieds du Dieu du ciel et de la terre. »

Madame Le Bastier garda pareillement le silence sur cette nouvelle divulgation, et par les mêmes motifs. d'autant plus évidents qu'elle déploroit avec plus d'émotion le malencontreux homonyme et le scandale de son œuvre.

Mais si la veuve patriarcale s'étonnoit d'un hommage public, elle se prêtoit au contraire avec bonheur aux joies de famille où sa tendresse maternelle étoit.vivement fêtée, surtout au jour des saints anges gardiens.

Non-seulement la grande portion de sa postérité vivant dans le monde lui préparoit ces heureux anniversaires, mais ses chères religieuses du cloître trouvoient le moyen d'en offrir et d'en prendre la meilleure part, avec une pieuse et filiale correspondance : tant il est vrai que les âmes vouées à Dieu sont aussi, sous les rapports essentiels, les plus ardentes dans les affections mêlées aux éternelles espérances !

A tous les vœux exprimés dans leurs lettres se joignoient des emblèmes imaginés et peints avec une ingénieuse et tendre piété. Tantôt c'étoient les anges ombrageant de leurs ailes les pas de la mère bien-aimée, *ange de ses enfants.* Tantôt c'étoient deux cœurs unis, comme sous le même voile, et la bénissant devant Dieu ; aussi bien, telle est l'union des âmes dans le saint asile, qu'elles participent toutes au bonheur de chacune d'elles, non-seulement à l'intérieur du cloître, mai encore dans les cordiales communications au dehors.

On en trouvoit un bien doux témoignage au bas du même dessin :

> Pour vous fêter, Angélique chérie,
> Le cœur de Caroline et le cœur de Marie
> Vous offrent à l'envi l'amour, les vœux, les fleurs ;
> Et tout le monastère y joint cinquante cœurs.

Oserons-nous ajouter que l'une des deux sœurs du même couvent ayant reçu par élection le titre de mère, une gaîté, permise sans doute, saluoit parfois madame Le Bastier, lors de ses visites au parloir, du nom de grand'mère du couvent, par la bouche des compagnes de sa petite-fille.

Il venoit pareillement de Notre-Dame de Sion, et des images fleuries, et des emblèmes, et des lettres d'une filiale reconnoissance ; et même, durant les années d'une obédiente mission de sa petite-fille Clotilde aux Saints-Lieux, soit dans la maison de l'*Ecce homo*, soit dans celle de Saint-Jean *in Montana*, les fleurs de Jérusalem, artistement encadrées, apportoient aussi à la vénérable aïeule les consolations de l'absence.

A l'époque où l'heureuse descendance comptoit déjà quinze membres, un acrostiche sur le nom d'Angélique étoit enguirlandé de pensées en couleurs diverses, avec d'autres symboles encore, et la missive, venue du cloître, se terminoit ainsi :

> Unissons quinze voix, et qu'un sublime accord
> Élève jusqu'au ciel le cri : Vive Angélique !

Une autre année, la famille apparoissoit sous la figure d'un arbre où des cœurs sembloient fleurir, croître et mûrir comme des fruits; celui de la mère aïeule à la base; ceux des enfants au-dessus de la tige; et ceux des petits-enfants étagés sur chaque branche.

Plus haut que l'arbre, une couronne plane dans l'azur, et un cœur avec des ailes d'Ange, rappellant l'heureux petit Paul, mort au berceau, montre la route et les promesses du ciel.

Avec sa divine auréole, le cœur sacré de Jésus éclaire de ses rayons toute cette image des familles chrétiennes.

Écoutons donc encore la poésie du cloître, venant en aide à nos joies consolantes :

> Voyez cet arbre symbolique,
> O mère si chère à nos cœurs !
> C'est la famille d'Angélique
> Qui forme sa tige et ses fleurs.
> Agréez-le pour votre fête,
> Ce bouquet parfumé d'amour :
> Cloîtres, distances, rien n'arrête
> L'élan vers vous en ce beau jour.
> Le seul vrai bonheur sur la terre
> Est l'union des cœurs aimants;
> Vous êtes une heureuse mère,
> Et nous sommes d'heureux enfants...
> Le cœur même d'un Dieu s'abaisse
> Pour s'unir à nos foibles cœurs:
> Il nous bénit, et sa tendresse
> Éternisera nos bonheurs !

Les mêmes effusions de pieuse tendresse se produisent à chaque fête annuelle sous de nouveaux emblêmes.

Un jour, c'est l'écusson armorié, avec des cases diverses dont l'ange de l'harmonie occupe la première et domine tous les symboles où le nom patriarcal est ainsi festoyé :

> Nom vingt fois ennobli du beau titre de mère !

A un autre anniversaire la famille est représentée sur les vagues de l'Océan, par les bâtiments d'une petite flotte : dans le plus grand est la mère *plus qu'aïeule* inséparable des aînés de sa descendance; dans les suivants on voit, classés à chaque navire, comme par chaque ménage, les enfants et les petits-enfants mariés, et les arrière et bis arrière petits enfants. Puis un bateau en forme de croix porte les trois religieuses agenouillées et voguant, de conserve avec toute la flottille, vers le port du salut.

Plus tard, une seule figure apparoît dans le symbole choisi par la piété filiale; c'est celle d'une sainte qui s'accompagne elle-même sur les cordes d'un instrument divin, pour chanter les hymnes des cieux. Après deux strophes où s'explique le sujet du tableau, la voix du cloître interroge ainsi la figure symbolique :

> Mais qui fait vibrer cette lyre?
> Qui l'anime de chants si doux?
> Qui d'un céleste feu l'inspire?
> Angélique, n'est-ce pas vous?

L'année suivante, ce sont des ruches dans une campagne semée de fleurs, sous l'abri d'un coteau où brille le signe de la rédemption, et que la mère abeille, l'heureuse Angélique, voit toutes prospérer ensemble comme le fruit de ses labeurs et des bénédictions qu'elle attire par ses ardentes prières et ses douces larmes.

Ici revenoit une des stances déjà consacrées à la *Veuve Bénie* :

> Et combien de ruches nouvelles
> Près de la Ruche-Mère ont fixé leurs essaims !...
> Puissent leurs rejetons toujours avoir des ailes
> Pour cueillir le parfum des saints !...

Chacune des dernières années aura aussi son emblême.

En 1862, un train de sept wagons, surmonté d'une croix, est accompagné de cette simple aspiration :

> O mère, sois bénie !
> Ta tribu réunie
> Près de ton cœur s'enflamme et s'élance vers Dieu,
> Comme le train rapide
> S'envole avec son guide
> Sur des ailes de feu.

En 1863 : Des palmiers au bord des eaux ;

En 1864 : Un flambeau à sept branches ;

En 1865 : Une guirlande de fleurs, d'espèces et de nuances diverses ;

En 1866 : Un ciel d'azur semé de quelques groupes d'étoiles.

Il seroit trop long de donner le cortége rimé de toutes ces allégories. Ne citons que celui de la dernière venant aussi du couvent et qui est intitulée :

Nouveau système astronomique
Gravitant autour d'Angélique.

l'Uranie cloîtrée ajoutoit à son *envoi* ce petit quatrain :

Mère! dans ce nouveau système,
La science n'a rien à voir ;
Mais de nos cœurs par cet emblême
Les cieux deviennent le miroir.

Suivoit un *nota bene* dont il ne nous est pas permis, du moins en famille, de nous dispenser :

« La planète Angélique a été découverte le 22 décembre 1770.

Ses satellites sont :

Caroline Ire.	Alexandre.

Marie Ire.	Caroline II.
Cécile.	Théodore Ier.
Henri.	Adeline.
Louise Ire.	Paul Ier *.
Léopold.	Clotilde.

Mathilde Ire.	Mathilde II.	Charles II.
Alfred *.	Marcel.	Paul III.
Marie II.	Léonce.	Louise II.
Ferdinand.	Paul II.	Marie III.
Charles Ier.	Théodore II.	Jeanne.

Albert.	Paul IV.	André.

Au jour de la fête des saints anges gardiens, les enfants, petits-enfants, arrière et bis-arrière petits-enfants, réunis autour de la vénérable trisaïeule, chantoient ensemble ces couplets avec leur joyeux refrain :

Pour fêter une mère,
Le cœur porte les yeux
Et des cieux à la terre
Et de la terre aux cieux.

Abrités sous son aile
Ses enfants sont heureux ;
Leur bonheur est pour elle,
Son bonheur est pour eux.

bis.

A ces pieux échanges
Les saints daignent s'unir ;
C'est la fête des anges !
Leur nom vient la bénir.
Abrités, etc.

D'une mère si tendre
Tous nos cœurs à la fois
Savent se faire entendre
Comme une seule voix.
Abrités, etc.

Que ce joyeux cantique
Soit redit chaque jour ;
Pour une âme angélique
C'est un refrain d'amour.
Abrités, etc.

Quatre-vingt-seize années
Lui disent assez bien

Qu'aux saintes destinées
Le temps ne change rien.

Abrités sous son aile
Ses enfants sont heureux ;
Leur bonheur est pour elle,
Son bonheur est pour eux.

bis.

Il est bien vrai que le temps ne change rien aux saintes destinées ; mais s'il les couronne en faisant place à l'éternité qui s'entr'ouvre aux élus, il jette le deuil parmi les survivants. Reste du moins l'espérance du revoir au ciel ; aussi cette allégorie empruntée au monde sidéral semble avoir eu quelque apparence prophétique, et elle fut, hélas ! la dernière en l'honneur de l'angélique mère qui ne devoit pas nous rester jusqu'à la fête du 2 octobre 1867.

Et pourtant, à part son grand âge, rien n'annonçoit une fin prochaine. Tous ses enfants espéroient lui voir atteindre au moins la vie séculaire. Elle avoit conservé, quant à la santé de l'âme, ses pleines facultés, les grâces de l'esprit et le caractère le plus aimable ; et, quant à la santé du corps, un coup d'œil et un air vivaces, jusque sous le poids des années ; elle n'avoit à se plaindre que d'une surdité croissante et aussi de la goutte dont elle acceptoit néanmoins tranquillement la visite presque journalière. Mais elle remercioit souvent la bonne Providence de lui épargner d'autres infirmités de la vieillesse, et surtout de lui garder une excellente vue qui, le plus habituellement, n'avoit besoin d'aucun secours, pas même pour la lecture du journal. Elle le lisoit en détail, particulièrement sur les affaires de Rome, avec un intérêt qui révéloit en elle une presque juvénile ardeur. Aussi étoit-elle des premières à contribuer au denier de saint Pierre, et aux grandes souscriptions ; elle avoit pareil empressement aux offrandes réclamées par la charité publique ou privée ; et elle s'y prêtoit d'autant mieux que son état de fortune avoit reçu plus que des accroissements ; elle y faisoit participer ses enfants et aussi, de concert avec eux, ses petits-enfants dont elle aimoit à élargir le bien-être. Les pauvres n'étoient jamais oubliés non plus, ni à Paris ni à la campagne, où elle avoit soin de leur laisser en son absence quelques ressources distribuées par des mains amies. Elle avoit fait aussi quelques fondations pour de pieux souvenirs.

Comme chef d'une famille où l'aisance n'étoit point partout égale, elle n'osoit se permettre tout ce que sa charité lui auroit inspiré au-delà, mais depuis que la Providence lui en avoit largement facilité les moyens, elle étoit heureuse de contribuer à d'autres œuvres plus considérables. Nous avons entre les mains des lettres qui la remercient de son *puissant concours... pour lui donner*, disent-elles encore, *la légitime satisfaction qu'on peut avoir du bien dont Dieu nous a faits les instruments... et d'acquérir des mérites et par suite des récompenses ineffables.*

La générosité de son cœur s'est prononcée aussi trèsgrandement encore, lorsqu'il s'agissoit d'ajouter avec surabondance, en l'honneur d'une sainte mémoire, un capital assez important à l'exécution complète d'une bonne œuvre. « Tout ce qui étoit prévu est déjà fait, lui disoit-on, et bien fait; mais peut-être seroit-il mieux de donner plus, dans une pieuse intention. » Et voici sa réponse immédiate : « Faisons le mieux! Oh! oui, fai-« sons le mieux! » Et il fut fait comme il étoit dit.

Tout étoit, chez elle, à l'avenant de sa charité. Elle s'oublioit toujours et préféroit à ses propres et légitimes satisfactions celles des autres, celles des petits comme des grands, celles des enfants comme celles des vieillards; on comprend donc facilement, sans entrer dans les détails, en quelles occasions fréquentes et jusqu'où alloit, dans les habitudes de la vie, cette bonté permanente et toujours heureuse de se prodiguer.

En elle aussi toutes les vertus étoient consacrées par les dons surnaturels, et la grâce divine en amenoit la perfection. La pureté de sa vie étoit de tous points exemplaire, et sa fidélité aux prescriptions de l'Église étoit aussi exacte que constante; elle porta même très-longtemps l'observance des jeûnes au-delà du terme fixé par l'âge, et elle ne s'en dispensa enfin que par esprit d'obéissance.

Que de motifs pour ne point s'étonner en voyant combien la pensée des fins dernières étoit douce dans une pareille vie! Cette sœur survivante de celle qui, à son jour suprême, s'étoit écriée : *Quel bonheur !* se tenoit toujours toute prête à en saluer l'aurore pour elle-même ; aussi affectionnoit-elle particulièrement le *Manuel de l'association de la bonne Mort.* Dès longtemps, c'est-à-dire toujours, elle avoit aspiré avec *la science de bien vivre*, à *la Science de bien mourir*, premier titre du même livre qui s'explique ainsi tout d'abord dans l'épigraphe que l'auteur, le R. P. Lefebvre, emprunte à Saint Augustin : *Disces bene mori, si didiceris bene vivere.*

C'étoit là qu'elle faisoit chaque matin l'une de ses méditations et de ses lectures spirituelles ; elle en communiquoit parfois les saintes émotions aux personnes de son entourage ; mais moins à ses enfants, dans la crainte de leur trop ouvrir une perspective affligeante, qu'à d'autres âmes avec qui elle n'éprouvoit pas le même scrupule ; elle alloit même jusqu'à dire souvent qu'elle n'étoit plus utile sur la terre ; et, dans la pensée que bien des jours lui étoient peut-être encore réservés, elle auroit voulu les faire ajouter à des jours plus nécessaires, croyoit-elle, à sa nombreuse famille, tout en restant soumise à la volonté du bon Dieu qu'elle imploroit sans cesse.

Elle oublioit ainsi, dans son abnégation, ce que vaut un cœur où se donnent rendez-vous comme à leur centre tous les degrés d'une descendance toujours heureuse des bénédictions maternelles.

Madame Le Bastier avoit eu à déplorer avec nous la mort prématurée et à jamais regrettable du premier de ses

deux arrière-petits gendres [1] qui laissoit sa jeune veuve
et son fils tout enfant, pour seule consolation d'un si
grand deuil, à sa famille et à la nôtre ! Du moins le
baume des divins secours ne lui avoit pas manqué. Ce
fils unique des plus tendres parents étoit si bien entouré
d'affection et de douces joies, qu'au moment où, de Paris, il retournoit avec sa femme au toit paternel en Péri-
gord, un adieu leur avoit dit : « Vous êtes heureux, et
vous n'avez à craindre que votre bonheur même ! »

Quand vint l'épreuve, les deux familles mêlèrent leurs
larmes ; et dès lors le nom de l'arrière petit fils dut se
joindre à tous ceux des chers défunts, parents et amis,
pour lesquels Madame Le Bastier prioit chaque jour avec
autant d'ardeur que d'assiduité. Comme elle avoit dans
ses prières quotidiennes la longue liste des vivants
qu'elle nommoit tous, elle avoit aussi celle des morts
qu'elle nommoit pareillement devant Dieu avec le plus
fidèle *memento*.

Combien elle prioit encore pour obtenir des conversions ! Combien elle avoit pitié des âmes qui, dans la
marche du temps, ne tiennent aucun compte des éternelles destinées, oublient jusqu'aux premières notions
de la foi sainte, restent indifférents à toute instruction,
à toute étude, à toute ferveur religieuses et s'éloignent
des sacrements qui seuls purifient le cœur et, aux ap-

---

1. Alfred de Chabannes-Saint-Georges ; il avoit à peine atteint
sa trentième année.

proches du dernier terme, préparent le mourant à paroître avec amour et confiance devant le Juge suprême !

Ses prières qui ne se lassoient jamais, pas même après un quart de siècle, ou plus de temps encore, avoient compté sans doute pour quelque chose dans les grâces implorées et enfin obtenues, s'il faut en croire quelques signes presque miraculeux. Tel parut être, quoique bien tardif, le retour à Dieu d'un octogénaire qu'elle aimoit beaucoup, et qui jusque dans la pratique de bien des vertus purement humaines, laissoit de côté les vertus surnaturelles, et, par là, couroit le risque de périr éternellement ! Atteint d'une grave maladie à la fin de l'année 1839 et les premiers jours de 1840, il se fait lire le journal qui rendoit compte des derniers moments de Mgr de Quelen. Il est touché des paroles de foi par lesquelles, à la réception des sacrements, le saint prélat saluoit l'espérance d'entrer au ciel et de voir Dieu ; et aussitôt le malade dit aux personnes qui l'entourent : « Oh ! que c'est beau !... J'en veux faire « autant ! » Le même jour, un prêtre est appelé auprès de lui, le réconcilie avec l'Église et le comble de consolations sur le seuil de l'éternité.

Pendant plus de quarante ans, madame Le Bastier avoit prié aussi pour une âme qui lui étoit bien chère, et qui, dans une province éloignée, alloit quitter ce monde, mais, hélas ! après une longue désuétude des choses du ciel. Ne pouvant lui porter à une telle distance le secours de ses exhortations, la vénérable sup-

pliante les écrit, et nous pouvons en copier quelques
lignes : «... Ma vieille expérience se permet de donner un
« avis dont j'ai éprouvé les plus salutaires effets : lors
« de ma maladie en 1826, je ne pensois point à me ré-
« concilier avec mon Créateur, oubli très-ordinaire,
« causé souvent par l'affoiblissement des organes ; mais
« heureusement mes enfants y pensoient pour moi ! Un
« bon pasteur m'apporta des paroles de consolation et
« d'espérance, me demanda l'aveu de mes fautes, le
« reçut, m'en accorda le pardon au nom de ce Dieu si
« bon qui a dit à ses ministres : *Tout ce que vous*
« *délierez sur la terre sera délié dans le ciel.* ....
« Le calme que j'ai éprouvé a commencé ma conva-
« lescence.... et.... un long bail. .... Guérissez-vous
« donc, je vous en conjure, par les moyens qui peuvent
« assurer pour toujours un parfait bonheur, etc. »

Le moribond baisa cette pieuse missive et la mit sous
son chevet. Mais, ô mystère du cœur humain ! toutes
les tentatives d'un zèle charitable, et aussi celles de
bien d'autres personnes, semblèrent inutiles, même
au dernier jour, même à la dernière heure ! A ce
moment fatal, l'une d'elles ne perd pas courage, et
toutes se mettent à genoux en silence autour du lit
de l'agonie ; puis les magnifiques prières de l'Eglise sont
récitées à haute voix. Alors le malade qui jusque là
avoit un air effrayant, se calme, écoute avec attention,
tantôt promenant des regards intelligents sur les assis-
tants agenouillés, tantôt les élevant au ciel, et puis, à la

fin des invocations, expire doucement et laisse sur ses traits une sérénité qui ne semble guère compatible avec l'impénitence finale.

Combien de temps faut-il pour sauver une âme?

Il ne faut pas une minute! Cette réponse que fit un saint personnage à celui qui avoit récité les prières des agonisants, seroit périlleuse pour l'indifférence ou l'obstination, si notre espoir étoit mal compris; car l'ouvrier de la dernière minute, même en le comparant à l'ouvrier de la dernière heure, doit du moins avoir eu le bonheur de correspondre à l'éclair de la grâce! Comment se promettre un tel dénouement, après de tels oublis et de tels délais, parfois même jusque dans la vieillesse la plus avancée? Autant la sollicitude est rassurante, autant l'indolence est épouvantable!

La doctrine infaillible nous jette ici, et à bon droit, dans cette sainte épouvante! Quelque grande, quelque infinie que soit la miséricorde, il y a nécessité absolue de remplir la condition du salut, par le retour à Dieu dans la *contrition parfaite*, c'est-à-dire dans le repentir et dans l'amour, ce qui embrasse encore le vœu des sacrements de l'Église. Et comment l'espérer, ce retour efficace, en un seul moment, en un seul éclair? Qui donc peut oser, et avec préméditation, attendre ainsi jusqu'au dernier soupir? Cette attente ne peut-elle pas devenir une cause d'indignité? L'exemple d'un pardon, alors qu'il semble espérance, ou même certitude, n'est-il pas la plus rare exception à l'ordre de la Providence dans la distribution de ses grâces? Aussi, malgré les motifs tout particuliers de confiance que nous devons avoir dans cette lumière *in extremis*, à la suite de quarante années de prières d'une femme sainte, et sans doute de bien d'autres intercessions dans le ciel même, et qui peuvent nous permettre d'espérer contre toute espérance, nous supplions les âmes qui nous sont chères, dont nous voudrions ouvrir les yeux, d'écouter encore nos pleurs : O mon Dieu! Daignez inspirer toutes les affections, toutes les paroles qui vous implorent pour les indifférents, comme vous avez inspiré celles de la veuve bénie ! Faites, Seigneur, qu'ils n'affrontent plus le péril final en risquant ainsi leur éternité ! Qu'ils vous connoissent enfin ! Qu'ils acceptent la foi dictée par l'Evangile aux cœurs droits et à la saine raison! Qu'ils embrassent vos préceptes et que, dans vos divins sacrements, ils vous fassent réparation de leur longue et inexplicable inertie, cette mort de l'âme oublieuse de la première communion !

Il n'est guère de famille où de pareils gémissements ne s'échappent de tous les cœurs fidèles, qui s'invitent eux-mêmes à s'en faire mutuellement les échos. Que nul ne s'étonne donc de nous voir, en révélant la vie d'une sainte femme, vie toute de prière, essayer de propager ainsi le zèle des conversions, qu'elle a pratiqué avec tant de charité et d'infatigable persévérance! Et à quelle meilleure intention pourrions-nous écrire ces pages? N'est-ce pas là le fruit tout naturel des exemples de la mère chrétienne, de la femme forte, de la veuve patriarcale ?

Sans oser croire à la suppliante vertu de nos vœux, du moins est-il bon d'exposer des faits édifiants et de rendre gloire aux dogmes qui en sont le principe. Et quant au secours de la prière, qu'une simple réflexion soit permise encore devant les hommes insouciants de leur salut : S'ils ne veulent pas y travailler, si, bien loin de recourir aux sources de la vie chrétienne, à l'Evangile, à la chaire de vérité, au tribunal de la réconciliation, ils n'écoutent pas même le souffle de la grâce qui toujours est à la porte de leur âme pour y pénétrer... sous quelle intercession et dans quels liens du sang ou de l'amitié pourroient-ils donc se mettre à l'abri de la damnation ? Est-ce que le fidèle ne doit pas toujours trembler de ne l'être plus ? Et dès-lors celui qui ne l'est pas du tout et qui ne veut correspondre à aucune inspiration, à aucune prière, n'a-t-il pas à craindre de n'avoir d'intercesseurs ni dans le ciel, puisqu'il n'en sait plus la route et les sentiers vers les saints, vers les anges, vers Dieu ; ni sur la terre, puisque, loin des sacrements, il n'est plus en communion efficace et rejette toute correspondance avec l'Église, avec cette catholicité qui seule peut appliquer infailliblement et ses prières et ses mérites à l'âme perdue, à la brebis égarée, et la ramener au bercail ?

Et maintenant que la lumière d'une sainte vie a projeté ses rayons sur le lit des mourants où la foi et l'espérance ont pu chasser et supplanter le doute et

le désespoir, ajoutons aussi que la vénérable suppliante
étoit en communication avec les bienheureux et qu'elle
les avoit pour auxiliaires en faveur du repentir devant le trône des miséricordes.

Tout est grand dans les mystères du salut! plus ils
étonnent, importunent et fatiguent ceux qui résistent
à la grâce, plus ils émerveillent, consolent, affermis-
sent les fidèles et pénètrent tous les cœurs droits.

Mais qu'elle est rare la merveille des conversions su-
bites!

Il faut qu'à l'instant même l'âme s'abandonne au
souffle divin : et, puisque nous sommes amenés à en
rappeler un mémorable exemple, on voit que le pé-
cheur, dès qu'il entend la parole sacrée, ou le cri de sa
conscience, comme David (après le terrible *tu es ille vir!*)
doit faire immédiatement, pour première réponse de
cœur et de bouche, l'aveu de ses fautes : « J'ai péché!
(*peccavi!*) [1] » s'écrie le royal pénitent; et le pardon ne se
fait point attendre non plus, car le prophète lui dit aussitôt : « Le Seigneur a pardonné ton péché; tu ne
mourras point. »

Cette conversion soudaine de celui qui est devenu le
type et le sublime oracle de la pénitence, dans tous les
siècles, donnoit ainsi la preuve de la plus parfaite contrition, immédiatement affirmée par le témoignage in-
tuitif de l'homme de Dieu.

---

1. II Reg. XII-13.

Pourquoi ces réflexions et cette espèce de prosélytisme en mémoire d'une sainte veuve? Avons-nous besoin de l'expliquer davantage? N'est-ce pas la suite naturelle de ses prières incessantes? Et ne pouvons-nous pas dire d'elle ce que le grand apôtre dit du Juste, qui *parle encore du fond de la tombe*[1]? Avouons même nos espérances : c'est que les charitables paroles qu'elle adressoit à Dieu pour tant d'âmes sur la terre, sont écrites dans le ciel.

S'il ne nous appartient ni d'attribuer aucun des titres de prédestination, ni de juger des miracles de la communion des saints, parmi les souvenirs que nous célébrons ici, du moins les formes admises et même nécessaires dans la langue d'une pieuse admiration, ne nous sont pas interdites. Et combien ne sommes-nous pas au-dessous de la vérité dans une simple esquisse de cette édifiante vie ! Nul des principaux traits de la femme forte, tels qu'ils sont peints au tableau biblique, ne lui a manqué. Mais ce que l'ancienne loi ne vouloit pas, ne pouvoit pas dire, ce que l'Evangile seul devoit révéler, la femme chrétienne, la femme de la pleine et entière grâce, la femme de l'Eucharistie, c'est plus encore que la femme forte, c'est la femme ange de la famille, c'est la femme consacrée, c'est la femme sainte, telle que l'Eglise catholique l'élève, la bénit et la couronne pour le temps et pour l'éternité.

1. Hebr. xi-4.

Oh! oui, telle fut aussi cette femme chérie et pleurée de tous, qui, dès ses jeunes années, eut la force de subir les grandes épreuves, d'accepter les grands devoirs, de garder les grands deuils comme les grandes consolations, et de se vouer, successivement et sans réserve, au bonheur, et même, il faut bien le dire, au service des quatre générations dont elle étoit la mère !

Comment rassembler tous les saints exemples qu'elle a semés sur son passage en ce monde ? Le témoin d'un demi-siècle de cette longue carrière a recueilli bien d'autres témoignages que ceux qui lui sont personnels. La voix des innombrables parents et amis d'une famille de toutes parts très-étendue, est unanime dans l'hommage qu'elle rend à cette mémoire vénérée. Nous n'en sommes qu'un foible écho.

Et que de choses encore, connues de Dieu seul, dans les actes de vertu et dans les mérites des saintes âmes ! Comment pénétrer tous les secrets de la piété recueillie dans le silence et dans une sorte de retraite jusqu'au milieu du monde ? Mais à voir seulement la béatitude rayonnante au front de la veuve patriarcale, on pressentoit des communications angéliques : de là cet attrait qu'elle inspiroit ; c'étoit comme une harmonie où tous les cœurs se trouvoient d'accord autour d'elle. Jamais le moindre nuage ne s'aventuroit à sa rencontre ; jamais elle n'admettoit rien de ce qui pouvoit jeter le trouble dans les relations une fois établies avec sécurité. Point de ces paroles téméraires ou hasardées sur les défauts d'autrui ; mais une charité persévérante envers chacun, et qui écartoit même de loin toutes les pierres d'achoppement. Un seul trait va suffire pour bien caractériser cette délicate prudence. Quelqu'un essayant de dérouler devant ses yeux la conduite imputée à l'un des membres d'une famille divisée sur des questions d'intérêt privé, elle répondit tout d'abord : « Je ne veux rien savoir. Je dois continuer de voir tout le monde de cette maison amie de la mienne, et je les verrai sans aucune exception et sans juger personne. »

Mais, quant aux faits publics et aux thèses d'intérêt général, elle leur apliquoit, avec une constance virile, les grands principes d'ordre, de justice et de légitimité, sans croire possible, en bonne conscience, aucune de ces transactions fatales où, comme dans un mensonge universel et solidaire, on ose mettre aux voix de l'intrigue, de l'ambition et de l'ignorance, la cause de Dieu, la cause du peuple, la cause du prince ; et elle étoit bien d'accord avec un livre de son intime connoissance pour demander aussi :

« ……. Où donc est le problème,
« Quand d'un triple devoir l'origine est la même,
« Quand le même Évangile, avec la même foi,
« Enseigne à servir Dieu, la patrie et le roi ? »

Soumise néanmoins avec autant de piété que de courage à toutes les épreuves de cette vie, elle y trouvoit un moyen de plus pour gagner le ciel en confiant à la Providence divine ses regrets, sa résignation et ses espérances.

Elle avoit jadis, et bien jeune encore, contemplé d'assez près, à Versailles, les royales vertus qui devoient, sinon ensevelir, du moins couvrir d'un voile les scandales d'une autre époque. Parfois aussi elle avoit eu le bonheur d'assister aux jeux des enfants de France, à Trianon, et d'y voir avec eux cet autre prince, ce fils des Condés, qui fut depuis immolé dans les fossés de Vincennes par le grand héritier de la Révolution. Elle avoit souvent admiré, et de bien près encore, les soins charitables et populaires d'un roi dont les sujets égarés n'étoient désormais plus dignes. Peu de temps après, elle avoit vu et entendu la foule des impies, des révolutionnaires et des égorgeurs ; elle avoit tout appris et ne pouvoit rien oublier de ce qui touchoit au sort de la France et des honnêtes gens. Que de fois elle nous a entretenu de tous ces souvenirs! Elle étoit donc, par expérience autant que par principe, fixée dans ses jugements sur les hommes et sur les drames d'une politique désastreuse.

Au-dessus de ces perspectives, elle bénissoit les coups de Providence protégeant et sauvant l'Église et la catholicité au milieu des bouleversements, des désastres et des ruines. Aussi combien fut-elle doucement émue un jour (et pourtant, hélas! dans le palais veuf de la royauté), en tombant, avec sa chère et unique fille, aux pieds du souverain pontife Pie VII pour y recevoir ses paternelles bénédictions!

Et déjà les persécutions contre le Saint-Père étoient en

germe dans des lois subreptices! Mais les consciences droites et éclairées ne se trompent ni dans leurs affections, ni dans leurs répugnances. Une gloire couverte de sang et de larmes ne les séduit jamais. La sainte veuve, adorant toujours avec le peuple fidèle la main qui frappe et qui ressuscite, pleura l'exil et la captivité du Pape, célébra sa délivrance, salua le retour de la légitimité, déplora l'usurpation consanguine et toutes ses lamentables suites, et elle n'eut aucune espèce de confiance dans les ambitions toutes personnelles qui imposent à la patrie des immolations et des sacrifices sans mesure, et lui refusent les seuls gages de son bonheur, la vérité des doctrines et l'honnêteté des actes.

Elle avoit horreur des sociétés secrètes et surtout de la franc-maçonnerie spécialement condamnée par les Souverains Pontifes et par toute l'Église.

Elle s'indignoit en apprenant les exhibitions d'une impudeur païenne dans les jardins publics, et jusque sous les yeux des populations le mieux évangélisées.

Elle gémissoit surtout de voir à Paris et dans la campagne une violation flagrante du jour du Seigneur, et les autorités elles-mêmes se rendre ouvertement complices du scandale contre toutes les lois divines et humaines de l'univers chrétien. Et que n'auroit-elle pas dit de l'enseignement officiel aujourd'hui?

Elle avoit la même fermeté de principes dans les grands devoirs de la famille, et elle accepta parfois la mission de les faire respecter en dehors de sa propre descendance, et cela toujours avec autant de douceur que d'énergie.

Un seul mot de sa bienveillante affection avoit plus d'efficacité que toutes les remontrances : nous en avons eu des preuves remplies de pieuses consolations.

A de pareilles vertus, qui sont de l'essence même du christianisme, la foi simple, pieuse et pure ajoute encore le charme de sa confiance dans l'intercession miraculeuse des saints. Si cette croyance étonne les esprits superbes, elle n'en est pas moins d'accord avec la pensée de la toute-puissance et de la toute bonté du Créateur, comme avec les promesses de l'Évangile.

Et pourquoi donc craindrions-nous d'en révéler un exemple advenu dans la famille même de la vénérable veuve, quelques mois avant sa mort et à la suite de ses bonnes et infatigables prières? Loin d'en tirer une téméraire présomption, ceux qui reçoivent pour eux-mêmes ou pour leurs proches une telle faveur, ne doivent-ils pas trembler, au contraire, d'en être plus ou moins indignes? Et dès lors, avec l'humilité inséparable de la vie chrétienne, ne leur est-il pas permis de rendre grâce à Dieu et un public hommage aux immortels intercesseurs?

Or, voici les détails d'un fait qui porte en soi les signes d'une cause surnaturelle.

L'une des petites filles de madame Le Bastier, sans être en péril de perdre la vie, étoit affligée d'un mal qui, de deux jours l'un, la tenoit durant des heures entières en de très-vives souffrances et dans la presque impossibilité de se mouvoir; sauf la lecture et la prière, elle ne pouvoit s'occuper autrement. Cette alternative du bon et du mauvais jour duroit depuis plus de dix ans. Les douleurs s'aggravoient encore au commencement de l'année 1867. Les médecins n'y pouvant rien, disoient que le temps seul amèneroit des soulagements successifs. Bien des intentions pieuses imploroient la guérison de cette mère de famille, chère à tout son entourage et à bien d'autres. Que de fois nous avons entendu ces exclamations : Ah ! prions encore pour elle ! prions toujours ! Il faut faire violence au ciel ! Sa grand'mère surtout prioit sans cesse à cette intention. Bien des fois aussi elle avoit offert à Dieu d'accepter pour elle-même les souffrances dont il daigneroit délivrer sa petite-fille ! Enfin il nous arrive d'un pèlerinage aux fêtes de la canonisation de Germaine Cousin, des médailles bénites et qui avoient touché aux reliques de la sainte. Notre malade bien-aimée en porte une sur elle le 25 avril 1867, avec une vive espérance. Les prières redoublent. C'étoit l'un des jours de trêve. Le lendemain devoit être le mauvais jour ; mais ni mal ni douleur ne sont revenus depuis une année presque révolue. La guérison étoit soudaine, complète, et elle persiste. Ici la foi des enfants de Dieu, et leur reconnoissance adorent et bénissent la main toute-puissante qui communique sa force et sa vertu aux plus humbles instruments de ses miracles. Mais l'incrédulité, sans pouvoir expliquer un pareil fait, se contente de nous jeter un sourire embarrassé. Notre candide croyance ne s'en trouble point du tout, et nous transcrivons avec bonheur une lettre de madame Le Bastier, écrite par elle le 2 juin 1867, quelques semaines avant sa mort, sur cette guérison, à l'une de ses petites-filles religieuses (celle de Notre-Dame de Sion) :

« C'est un véritable plaisir pour moi, chère Clotilde,
« de te confirmer les bonnes santés des habitants de
« Marlotte, surtout pour notre bien-aimée Cécile. Le bon
« Dieu, à qui rien n'est impossible, l'a pour ainsi dire
« guérie du jour au lendemain. Depuis longtemps je fai-
« sois pour cela une prière, et Henri a eu la joie de me
« répondre ces jours-ci : *guérie!* Aussi un remercîment
« commence mes journées. La goutte me fait barbouiller
« mes souhaits de fête, chère Clotilde, mais compte
« bien sur leur sincérité... »

La mère, en souhaitant la même fête avec l'aïeule, disoit aussi : « Je suis dans le ravissement de la guérison
« de notre bonne Cécile qui, depuis le 25 avril, n'a pas
« été malade. Remercie bien la bienheureuse Germaine
« Cousin, dont elle porte la médaille depuis ce jour-
« là... etc. »

L'Évangile a des paroles qui applaudissent à toutes les naïvetés de la foi, et qui confondent en même temps tous les orgueils.

D'une part, le Christ demande à ses fidèles de ressem-
bler aux petits enfants (*sicut parvuli*)[1], et d'autre part

1. MATTH., XVIII-3.

il dit à ses apôtres et, en leur personne, à tous les saints, en parlant de ses propres miracles : « Celui qui croit en moi en fera de plus grands encore (*majora horum faciet*)[1]. »

Assurément, dans chacune de ces merveilles, ce n'est jamais la puissance ou vertu de l'homme, mais toujours la puissance ou vertu de Dieu, qui en est la source première, la cause efficiente. Et toutefois les saints n'en sont pas moins les instruments intelligents et libres, soit quand ils agissent sur la terre au nom du Seigneur, soit quand du haut du ciel, et comme intercesseurs, ils fléchissent sa miséricorde et en manifestent les effets.

Eh bien ! n'est-il pas évident aux yeux de la raison, quelque superbe qu'elle se fasse, qu'il n'y a rien de mieux pour exalter l'admiration de la foi, et même (disons ou faisons le mot) son *émerveillement*, rien de mieux que la seule ombre du prince des apôtres opérant la guérison des malades, ou bien encore les reliques sacrées multipliant leurs miracles et communiquant leur vertu aux objets qu'elles bénissent, et tout cela au nom du Tout-Puissant, pour la gloire des saints, la consolation des fidèles et l'étonnement des malheureux incrédules ?

La veuve presque centenaire avoit donc une grande et merveilleuse joie dans les derniers jours de sa vie ; chaque aurore étoit saluée par des actions de grâces, ainsi qu'elle venoit de l'écrire avec sa simple foi, après

---

1. JOAN.. XIV-12.

tant de prières : *un remercîment commence mes journées !*
Sa santé n'avoit jamais été meilleure. Dans l'hiver pré-
cédent, ses enfants, d'accord avec le docteur, et à un si
grand âge, l'avoient presque toujours retenue à la maison ; elle n'en étoit sortie que très-rarement pour les
choses essentielles ; et même quand, avec le soin de
garder, autant que possible, l'usage de la communion
fréquente, elle témoignoit le désir de s'approcher des
sacrements, les préparatifs se faisoient dans sa chambre ;
un petit autel étoit dressé et orné, et le ministre du Dieu
de l'Eucharistie lui apportoit de temps en temps le pain
des anges au milieu de ses enfants, heureux de la voir con-
solée ! Elle, qui prioit si bien chaque jour, et qui, chaque
jour aussi, faisoit presque une lecture de bréviaire ainsi
que celle de la sainte messe, ne manquoit pas d'ajouter
encore à ses pieuses méditations tout ce que lui inspiroit
la présence de l'hôte divin qui daignoit la visiter ainsi.

Sitôt que le printemps de 1867 la ramena à la campagne, elle put aller à la chapelle de Marlotte et y recevoir son Dieu aux jours où le bon pasteur de Bourron
pouvoit avoir la condescendance de retarder pour elle
l'heure ordinaire du saint sacrifice. L'église de la paroisse
étant plus éloignée, madame Le Bastier n'y alloit qu'en
voiture, et seulement le dimanche, depuis quelques années. C'est pourquoi elle avoit donné elle-même tout ce
qu'il falloit pour l'érection et l'entretien de cette *chapelle de secours*, qui devint ensuite une sorte de succur-
sale bien utile surtout aux vieillards, aux malades et

particulièrement à cette veuve indigente, qu'elle avoit recueillie chez elle depuis plus de trente ans et dont elle s'étoit faite la lectrice, comme on l'a vu ; elle la mencit aussi parfois avec elle, dans les grandes occasions où l'assistance à la paroisse même étoit nécessaire. Une mort des plus édifiantes avoit récompensé depuis deux ans la vie de cette pauvre et chrétienne femme, dans sa quatre-vingt-quatorzième année.

Madame Le Bastier étoit devenue la doyenne de toute la paroisse ; elle avoit néanmoins supporté sans grande fatigue le voyage de 1867, comme toujours ; mais elle se trouvoit privée de l'espoir d'assister à la première communion de trois de ses petits-fils à Paris, le jeudi 20 juin 1867, jour de la FÊTE DIEU ; du moins en avoit-elle eu de bien consolants récits ; et nous croyons devoir remémorer, comme édification et comme engagement à la sainte persévérance, ce qui se passa le lendemain du grand jour. L'un des heureux enfants qui avoit dit dans sa joie naïve : *Mon bonheur n'est pas comparable!* regrettoit qu'il n'en fût pas de même à la messe du lendemain, et demandoit à son confesseur s'il ne seroit pas possible d'y communier comme la veille. Sur la réponse que c'étoit là un bon désir, mais que tel n'étoit pas l'usage, le pauvre petit exprima son regret par des larmes ; alors le prêtre, touché lui-même de ce qu'il venoit de voir et d'entendre, consulta plusieurs ecclésiastiques de la maison, et ils furent d'avis d'admettre encore l'enfant à la sainte table. En apprenant cette décision, ses deux frères, dont l'un étoit son frère jumeau, et ses condisciples implorèrent aussi la même grâce ; on leur fit comprendre que sa prière étoit venue spontanément de lui-même et de lui seul, et qu'elle avoit été accueillie par exception à la règle générale ; mais qu'ils auroient leur consolation le surlendemain (dimanche dans l'octave de la fête), s'ils en étoient jugés dignes ; ce qui eut lieu, au grand bonheur de tous.

Bien peu de jours, hélas ! devoient s'écouler entre les premières communions des arrière-petits-fils et les dernières communions de la vénérable veuve. Son âge inspiroit seul une sollicitude bien naturelle, puisqu'il dépassoit la moitié de la quatre-vingt-seizième année. Mais rien, nous l'avons déjà dit, ne paroissoit devoir donner des craintes pour sa santé. Elle sortoit les dimanches et fêtes en voiture, comme à l'ordinaire. Aussi son gendre, bien qu'il n'eût osé s'éloigner jusqu'à Rome pour la solennité du Centenaire, étoit allé sans inquiétude à son pèlerinage annuel de famille en Bourgogne.

Tout à coup, au commencement du mois de juillet, madame Le Bastier se trouva moins bien, et pourtant, sans aucune maladie caractérisée ; elle s'affoiblissoit et perdoit l'appétit ; elle n'eut pas la force d'aller à la messe, mais elle resta levée toute la journée du dimanche 7, et ne se dispensa d'aucune de ses prières habituelles ; elle fit dans la soirée une partie de domino ;

elle resta au lit le lendemain, et alors, avec une pieuse prévoyance, elle désira et eut bientôt la visite de M. l'abbé Pougeois, curé de Bourron, son confesseur, qui lui apporta la sainte Eucharistie dès le matin du mardi, non point en viatique mais à jeûn, car il n'y avoit aucune apparence de danger immédiat. Le mercredi, l'affoiblissement présenta de tels symptômes que le bon pasteur revint pour l'administration des derniers sacrements. Elle les reçut avec la foi la plus vive, ainsi que toutes les indulgences de la bonne mort à laquelle elle étoit chaque jour si bien préparée !

Une grande partie de ses enfants et petits-enfants l'entouroient ; l'absence du père de tous la préoccupoit. Plusieurs fois elle fit cette question : « Et notre cher voyageur, revient-il ? — Nous l'espérons, lui disoit sa fille ; il est en route. » Et comme elle insistoit encore à divers intervalles, on lui demanda si elle avoit quelque chose à lui dire ? « Oh ! non, répondit-elle ; mais c'est que je l'aime tant ! »

Deux mois auparavant, lorsqu'il revenoit d'un voyage en Touraine, madame Le Bastier, l'embrassant à plusieurs reprises, lui disoit, avec une étonnante vivacité à pareil âge : « C'est pour l'arriéré ! »

Dans l'après-midi du dernier jour, mercredi 10 juillet, le voyageur arriva, et plusieurs de ses enfants et petits-enfants vinrent le recevoir au débarcadère et lui dirent avec bien des larmes : « Bonne-maman vous attend pour « les adieux ! Venez vîte ! »

Approchant du lit de la mourante, il l'entendit s'écrier : « *Ah ! papa !* [1] » Elle avoit pu encore, en se soulevant avec l'aide de ses petites-filles, l'embrasser assez vivement, et, retombant aussitôt sur l'oreiller, elle fit le signe de la croix : ce fut comme le prélude des derniers moments.

L'un des petits gendres mit entre les mains du voyageur le livre des prières de l'agonie, qu'il put lire au milieu de la famille agenouillée, et avec un cœur si ému que la foi seule pouvoit le maitriser, tout en le provoquant elle-même.

Jamais nul ne sauroit comprendre jusqu'où va pareille émotion, sans en avoir fait l'épreuve personnelle : ce n'est plus la prière d'ici-bas, c'est la prière de là-haut : elle est comme inspirée !

Quelques minutes après, la veuve bénie expiroit doucement ; sa vie entière étoit jugée, ou plutôt, nous avons le droit de l'espérer et de le croire, elle étoit couronnée.

Elle fut exposée sur le lit funèbre, la face découverte et semblant dormir d'un doux sommeil. Elle y reçut les embrassements de presque tous ses enfants, petits-enfants, arrière et bis-arrière-petits-enfants. Bien des personnes du voisinage vinrent lui faire aussi leurs adieux, et les bonnes sœurs de la doctrine chrétienne établies à Bourron montrèrent bien leur attachement à sa mémoire en venant passer près d'elle deux nuits de

---

1. *Monsieur Papa* étoit le petit nom d'amitié qu'elle lui donnoit.

prières, disant qu'elles vouloient représenter ainsi ses trois petites-filles religieuses de l'Abbaye-aux-Bois et de Sion.

Ses obsèques ont offert un touchant spectacle. Non-seulement sa famille, mais presque toutes celles qui l'ont connue lui ont donné des larmes. Grand nombre d'habitants de la paroisse, bien que le 12 juillet fût un jour de convocation à Fontainebleau, ont renoncé à leurs affaires pour lui rendre les derniers honneurs en témoignage de la vénération et des regrets qu'elle inspiroit. Les pauvres entouroient son cercueil. Elle avoit dit, dans ses dernières dispositions : « Si mon décès a « lieu à Paris, je désire être enterrée auprès de ma « sœur; s'il a lieu à Marlotte, je voudrois l'être dans le « nouveau cimetière. » C'étoit nous dire qu'elle ne vouloit pas de translation lointaine, pas même à la sépulture de ses parents.

Son tombeau est donc élevé dans le cimetière de la paroisse.

Il est surmonté d'une croix avec ces mots : *Spes mea !*

La mort des justes est pleine d'immortalité comme leur espérance[1]. Quelle consolation pour nos larmes!

Si la mère que nous aurions eu tant de bonheur à garder parmi nous, comme patriarche de la famille, n'est point présente à la bénédiction semi-séculaire de sa postérité, au 21 avril 1868, religieux anniversaire correspondant au 31 mars 1818, elle présidera du moins

[1] Sap., iii-4.

toujours à nos pensées, à nos affections, à nos vœux, il nous est bien permis de nous le promettre, avec l'aide de Dieu.

Puissions-nous être tous et toujours irréprochables dans cette fidélité à une douce et sainte mémoire, et léguer à ceux qui nous suivront la même foi, la même persévérance et les mêmes exemples!

C'est dans cet espoir que nous avons retracé les souvenirs dont nous devions fixer ainsi les vivants témoignages.

Daigne l'auteur de toute grâce et de tout bien en agréer l'intention et en bénir les fruits!

Dans la première fête de famille qui a suivi nos deuils (celle de saint Charles Borromée), en nous apportant d'autres consolations, nous avons pu dire :

« Heureuse fille d'Angélique,
« Quand nous te fêtons aujourd'hui,
« Le ciel plus que jamais explique
« Comment, la rappelant à lui,
« Il nous laisse en toi son image,
« Son cœur, son âme, son appui,
« Et nous conserve ainsi le gage
« Du bonheur qui sembloit enfui. »

Dans quelques jours, s'il plaît à Dieu, nous célébrerons ce cinquantième anniversaire qui nous invite à méditer plus que jamais les éternelles espérances.

Une *corbeille* de fleurs de Jérusalem nous est venue dès le 31 mars, avec leurs harmonieuses nuances, comme symboles, pour la commémoration prochaine, et avec le vœu du Psalmiste : *Benedicat tibi Dominus ex Sion !*

C'est là aussi un heureux souvenir de la bénédiction donnée à la mère patriarcale et à toute sa famille, par Sa Sainteté Pie IX, qui daigna faire à leur supplique du 28 août 1866, cette réponse écrite, datée et signée de sa paternelle main :

ILLE VOS BENEDICAT QUI SINE FINE VIVIT ET REGNAT.

APPENDICE

Le *Souvenir du Ciel dans les émotions de la terre*, où s'é-
toit déjà produit, en 1841, l'hommage à la *Veuve Bénie*,
contenoit aussi un autre memento sous ce titre, *à Celle qui
a choisi la Meilleure Part*, et qui doit dès lors se retrouver
encore ici, comme appendice; car il a dû s'appliquer
successivement à deux autres élèves de la grand'maternité. Parents et amis comprendront d'autant mieux cette
reproduction, qu'il ne reste plus d'exemplaires de l'ancien
texte.

Nous y joindrons quelques autres réminiscences dont il
n'est pas inutile de garder la trace dans les archives de
famille et d'amitié.

Extrait du Souvenir du Ciel dans les émotions de la terre,
Page 342.

« A Dieu ne plaise que de frivoles pensées viennent se
mêler ici aux émotions de la piété. Un cœur qui se connoît
bien sait aussi trouver en soi tous les motifs d'humilité,
sans lesquels il n'y a ni religion ni vertu.

« Que la contemplation des écueils, non-seulement au milieu du monde, mais même dans le cloître, s'unisse toujours
à la méditation des années éternelles, pour chasser jusqu'à
l'ombre d'une vaine fumée et d'une illusion trompeuse.

Cette sainte conversation avec le néant de la vie périssable, et avec les gloires de l'éternité, affermit le cœur dans les onnes résolutions, le pénètre incessamment de la présence de Dieu et le préserve de tous les périls.

« Il est donc permis de saisir et de répandre dans un esprit de foi les sujets d'édification qui se présentent dans le cours si rapide de notre carrière mortelle. De grands saints en ont donné des exemples qui peuvent être suivis de loin, alors même que l'infirmité de leurs admirateurs ne permet pas d'espérer une imitation plus rapprochée de ces modèles de la perfection chrétienne.

« D'ailleurs, il faut bien le dire : quand, à l'exemple de la sœur de Marthe, d'autres Marie choisissent la meilleure part, elles s'obligent par cela même à mourir au monde et à vivre uniquement pour Dieu. Parler de leur vertu, c'est donc parler d'une obligation encore plus étroite pour elles que pour les âmes laissées au milieu du siècle, et elles resteroient bien loin du but, si elles n'avoient que la piété suffisante pour justifier une parole de louange aux yeux des hommes. Elles savent bien que tout ce qui est bon en nous ne vient pas de nous-mêmes, mais uniquement de la grâce divine, et que s'en attribuer le moindre mérite seroit une offense à Dieu et une espèce de larcin à sa gloire.

« Avec cette conviction profonde, nous pouvons chasser les vains scrupules et proclamer heureuse et mille fois heureuse une âme qui nous est chère et qui a pu dire,

« Dans le silence du saint lieu :

Adieu donc, faux éclat qui n'es pas la lumière,

Adieu, frivole voix, qui n'es pas la prière,

Vain bonheur, qui n'es pas le vrai bonheur, adieu !

« Et ce qu'il y a d'admirable aux yeux de la foi, c'est que l'enfant qui semble quitter père, mère, famille, pour se consacrer au Seigneur, leur reste cependant dévoué de cœur et d'âme, autant et plus que leurs autres enfants dont la tendresse, sinon affoiblie dans le monde, du moins distraite par les autres soins et les affections les plus légitimes, ne peut pas avoir la même indépendance que dans la sainte retraite.

« Sans doute, il faut sacrifier ici les satisfactions purement humaines. Aussi nous ne parlons que dans la vue de l'éternelle vérité, et non dans l'intérêt d'une fugitive existence. Il est donc tout à fait exact de dire que l'âme vouée à la vie religieuse, dans l'amour divin, verse au cœur de Dieu tous ses autres sentiments et les vivifie encore dans cette fusion sacrée. Sa piété filiale et sa piété fraternelle sont en quelque sorte divinisées dans sa piété virginale ; et plus elle pratique le détachement de la terre et la vie du ciel, plus nous sommes véritablement aimés par elle d'un amour qui se confond et s'élève avec l'amour de Dieu, puisque nous sommes aimés en lui, avec lui et pour lui ; et si, de notre côté, nous savons correspondre à cette pieuse tendresse, quelle source de grâces ! quels flots de bénédictions !

« La prière presque incessante des anges du cloître se répand avec surabondance sur toutes les âmes et dans tous les cœurs présents à leur souvenir. Souvent, tandis que les habitants du siècle sont encore plongés dans le sommeil de la nuit, déjà la colombe matinale a parlé à Dieu, dans son sanctuaire, de tout ce qui intéresse leur salut. Et nous, lorsque nous sommes tout joyeux au réveil, de ce que la nouvelle aurore paroît si douce et si pure, ou bien lorsqu'après les larmes viennent les consolations, ne devons-nous pas ce soulagement qui est à nous à une prière qui n'est pas la nôtre? Ah! du moins soyons unis par reconnoissance à la voix qui a prévenu pour nous la lumière du jour et qui fait luire aux yeux de notre foi des clartés bien plus vives encore!

« Nulle joie, nulle douleur, nul événement de la famille ne sont étrangers aux âmes de la solitude; mais leurs impressions sont aussitôt sanctifiées. Naissance, baptême, communion, bénédiction, souffrance, sainte agonie, crêpes de deuil, couronnes de bonheur, tout est porté à l'autel, tout est mis au pied de la Croix.

« Si la nature gémit dans le sacrifice des séparations, la grâce triomphe dans l'union des cœurs devant Dieu. Courage, courage donc! Le temps commence à s'éteindre et l'éternité va s'ouvrir!

« Toutes ces pensées sont à la fois et la base des pieuses résignations, et la réponse aux étonnements de ceux qui ne savent pas les comprendre.

« Avec quelle imposante solennité sont-elles expliquées et développées dans la sainte cérémonie de la *vêture*, ou prise d'habit! La postulante y paroît d'abord parée d'une sorte de pompe nuptiale. Elle est accompagnée au seuil du sanctuaire par sa famille, de la même manière qu'une jeune fiancée; et l'on peut bien lui appliquer ce beau verset du psaume XLIV :

..... Venez, ma fille !
Écoutez et voyez... aux marches de l'autel
Inclinez-vous... Quittez peuple, père, famille,
Voici votre époux immortel !

« La parole du prêtre de Dieu se fait entendre (et elle retentira longtemps encore dans nos âmes, celle que nous avons entendue!). L'hymne des inspirations de l'Esprit-Saint est chanté.

« La postulante est présentée par ses parents; un sacrifice plus doux, mais aussi complet sous les rapports divins que celui du père d'Isaac, est alors consenti; puis elle fait son humble demande et répond aux interpellations du ministre sacré.

« De nouvelles prières s'élèvent vers le ciel comme pour le consulter encore, et l'intercession des saints est invoquée dans le chant des litanies.

« Le prêtre célébrant implore la grâce de Dieu sur la postulante prosternée.

« L'habit et le voile religieux sont bénits par l'eau sainte et honorés par l'encens.

« Une bénédiction plus grande descend sur la postulante, qui fait ensuite processionnellement son entrée dans la clôture.

« A la porte même du cloître elle est encore avertie par la voix d'une mère nouvelle, de toutes les obligations qu'elle contracte avec la Croix de Jésus-Christ.

« La voilà parvenue au sein de l'asile divin! Alors le renoncement au monde s'annonce par des signes plus marqués. Une tresse de cheveux est tombée sous les ciseaux; de graves chants célèbrent l'immolation figurée par ce symbole. La novice elle-même chante son bonheur pendant le silence de toutes les autres voix; puis elle se retire un moment, et à la place des vêtements du monde, qu'elle vient

de quitter, elle reparoît portant le saint habit. Dans l'inter-
valle, on a chanté le psaume LXXXIII, c'est-à-dire le cantique du sanctuaire :

> Que tes saints parvis me sont chers,
> Dieu des vertus, Dieu des armées!
> Là, ma vie et toutes mes chairs
> Dans ton amour sont consumées.
>
> La colombe a trouvé son nid,
> L'hirondelle son domicile...
> Tes autels, ô Dieu de David !
> Tes autels ! voilà mon asile !...

« Viennent ensuite d'autres cérémonies qui consacrent
encore et consomment la sainte *vêture ;* puis le chapelet et
le livre sacré sont remis à la novice, et une couronne de
fleurs blanches est posée sur sa tête. Le *Te Deum,* ou chant
de la gloire du Dieu trois fois saint, termine la solennité.

« Pleurs de la nature, joies de la grâce, sacrifice, bonheur.... ineffable mélange ! »

A CELLE

QUI A CHOISI LA MEILLEURE PART.

Sous le toit paternel, mon heureuse Marie,
Un printemps de vertus avoit orné tes jours,
Jours semblables aux jours de la saison fleurie :
       Qu'ils étoient beaux ! qu'ils étoient courts !
Mais, sous le toit sacré, déjà plus beaux encore,
Ils renaissent joyeux dans leur nouvelle aurore,
Qui sur l'éternité va mesurer son cours.

Détournant tes regards de ce monde qui passe,
Tu les as replongés dans le sein de ton Dieu ;
Ta vie est embrasée au foyer de sa grâce,
       Dans le silence du saint lieu.
Adieu donc, faux éclat qui n'es pas la lumière,
Adieu, frivole voix, qui n'es pas la prière ;
Vain bonheur qui n'es pas le vrai bonheur, adieu !

Et nous, parens, amis, nous, père, mère, aïeule,
Et ceux qui t'ont gardé le si doux nom de sœur,
Faut-il nous condamner à te délaisser seule,
       Seule en présence du Seigneur ?
Oh ! non ; mais à ton âme associant nos âmes,
Ta généreuse ardeur nous convie à ses flammes,
Et nous sommes unis sur l'autel de ton cœur.

Dans cette intimité c'est donc toi qui nous restes,
Plus que tous nos enfans répandus au dehors ;
Là, tu reçois pour nous de ces rayons célestes
       Dont un seul vaut mille trésors ;
Et dans les droits sentiers où tu nous les envoies
Ils versent des torrens de clartés et de joies
Où le bonheur du ciel tombe et coule à pleins bords.

Naguère, quand ta sœur nous donnoit un autre ange,
Nouveau présent du ciel aux vertus de Henri,
Le beau nom de Marie ornant un doux échange
  Dans nos foyers a refleuri !
Et toujours à l'encens de ta cellule sainte,
Tribut d'un pur amour et d'une heureuse crainte,
La Providence amie a tendrement souri,

Et par une autre sœur, pieuse fiancée,
Quand un troisième frère arrivoit parmi vous,
Combien de jours bénis ta prière exaucée
  A promis aux nouveaux époux !
Devançant dans la nuit l'aurore nuptiale,
Aux pieds du Saint des saints ton âme virginale
Intercédoit pour eux et veilloit à genoux.

Ainsi tous les liens qui forment la famille
Dans le cloître divin ne sont point abjurés ;
De l'amour éternel, tu nous l'as dit, ma fille,
  Ils suivent les brûlans degrés.
Oui ! plus tu nous aimois, plus encor tu nous aimes,
Et nous pouvons aussi nous enflammer nous-mêmes
Dans la communion qui les a consacrés.

Oh ! combien, combien mieux, avec la tienne unie,
La voix de nos soupirs monte vers l'Éternel !
Ange de nos bonheurs, ma fille, soit bénie
  Par le cri d'un vœu paternel !
Dans les émotions d'une épreuve bien dure,
S'il a laissé pleurer trop souvent la nature,
Il ne pleurera plus au moment solennel.

Il ne pleurera plus !... ou bien, s'il pleure encore,
Sacrifice nouveau sur l'autel présenté,
Ses pleurs changés en joie auront tous fait éclore
  Les germes de l'éternité.
Et toi, lampe fidèle, au temple suspendue,
Ton étoile pour nous ne sera point perdue,
Et nos cœurs veilleront souvent à sa clarté.

On sait que madame Le Bastier commença l'éducation de
ses arrière-petites-filles. L'aînée avoit grandi sous ses yeux,
depuis le colloque consigné page 10. Les stances qui lui
furent adressées au plus beau jour de sa vie peuvent être
léguées aussi à tous nos enfants avec la mémoire de l'institutrice patriarcale.

LA PREMIÈRE COMMUNION.

Heureuse enfant! ton Dieu t'appelle
Au banquet sacré des élus...
Ouvre ton âme! Il vient en elle!
Il vient!... Le ciel n'a rien de plus.

Dieu de la vie, il t'a fait naître;
Dieu de la grâce, il est à toi;
A ton cœur il se fait connaître;
Il est là sous l'œil de ta foi.

Dieu du Sinaï, sa puissance
Jette la flamme et les éclairs;
Mais au-devant de l'innocence
Il a toujours les bras ouverts.

Dieu de la crèche, dès l'aurore
Il a veillé sur ton berceau;
Dieu de l'autel, il vient encore
Te préparer un pain nouveau.

Dieu du Thabor, Dieu de la gloire,
Il te promet l'éternité!
O bonheur! bonheur de le croire!
Il est le Dieu de vérité.

Dieu du Calvaire, à son calice
Il reçoit l'absynthe et le fiel ;
Mais l'espoir naît du sacrifice
Et la croix nous montre le ciel.

Chère enfant ! de ton premier âge
Un lustre à peine s'écouloit,
Et déjà dans ton doux langage
La foi sainte se révéloit.

Tu comprenois le Dieu suprême,
Ce grand Dieu qui règne partout ;
Tu disois : je l'aurai lui-même,
Au ciel avec lui j'aurai tout.

Le voici même sur la terre !...
Il est à toi dans ce beau jour,
Il est à toi dans le mystère
Où se consomme son amour.

Cours donc ! C'est lui qui te convie
Au festin de l'Agneau sacré ;
Cours à la source de la vie,
Et ton bonheur est assuré !

Madame Le Bastier ne s'effrayoit pas de cette petite poésie qui, même lorsqu'elle y étoit plus ou moins impliquée, n'avoit pour elle aucune odeur d'encens. Aussi prit-elle un certain plaisir, non-seulement à lire, mais aussi à dire, de mémoire, à tous venants de la famille et des amis, une pièce enfantine que son bis-arrière-petit-fils Albert, orphelin de père, avoit apprise et récitée par cœur.

> A trois ans — c'est presque mon âge —
> Tu dis, maman, qu'on ne sait rien !
> Et pourtant je crois savoir bien
> D'un petit cœur le doux langage.
> Je veux donc faire un compliment
> Pour fêter ma grand' grand' grand'mère.
> Je lui dirai tout simplement :
> « A ton petit-fils bis-arrière
> « Tu seras toujours, toujours chère ;
> « Et sans jamais faire de tort
> « A mes parens du Périgord.
> « Là j'ai bien vu comment on aime ;
> « Près de toi je le vois de même :
> « Tous les cœurs s'ouvrent, et j'y cours.
> « Consolé, d'amours en amours ! »

Dans le nouveau deuil de la famille, les consolations de l'orphelin sont aussi les mêmes que les nôtres, comme nos espérances.

Paris, le 9 avril 1868.

ALEXANDRE GUILLEMIN.

PARIS. — IMP. VICTOR GOUPY, RUE GARANCIÈRE, 5.